向职业化精进

做一个靠谱的好员工

孟志强◎著

中华工商联合出版社

图书在版编目（CIP）数据

向职业化精进：做一个靠谱的好员工 / 孟志强著 . -- 北京：中华工商联合出版社，2020.9

ISBN 978-7-5158-2782-7

Ⅰ . ①向…　Ⅱ . ①孟…　Ⅲ . ①企业－职工－修养－通俗读物

Ⅳ . ① F272.921-49

中国版本图书馆 CIP 数据核字（2020）第 139130 号

向职业化精进　做一个靠谱的好员工

作　　者：孟志强
出 品 人：李　梁
责任编辑：吴建新
装帧设计：张合涛
责任审读：李　征
责任印制：迈致红
出版发行：中华工商联合出版社有限责任公司
印　　刷：三河市南阳印刷有限公司
版　　次：2020 年 10 月第 1 版
印　　次：2020 年 10 月第 1 次印刷
开　　本：710mm×1000 mm　1/16
字　　数：219 千字
印　　张：15.5
书　　号：ISBN 978-7-5158-2782-7
定　　价：45.00 元

服务热线：010-58301130-0（前台）
销售热线：010-58302977（网店部）
　　　　　010-58302166（门店部）
　　　　　010-58302837（馆配部、新媒体部）
　　　　　010-58302813（团购部）
地址邮编：北京市西城区西环广场 A 座
　　　　　19-20 层，100044
http://www.chgslcbs.cn
投稿热线：010-58302907（总编室）
投稿邮箱：1621239583@qq.com

好人不一定是好员工

——向职业化的目标不断精进

前几天车的水箱坏了，我给4S店打了电话，4S店维修部的人员说现在没有现成的水箱，需要从厂家订货，等货到了再通知我。过了几天，4S店说水箱到了，让我过去安装，那时我正好在国外，就说等回去之后再安装。没想到，回国以后一打电话，维修人员说："您预订的水箱让给别人用了，我再给您订一个吧。"我当时就非常不满意地说："我向你预订了水箱，我们达成了契约，你却不经过我的同意，把我定好的水箱给了别人，怎么能够如此任性地更改我们之间的契约呢？"结果这个维修人员说："我也没想那么多，谁用不是用啊？那个顾客正好赶上了，也是水箱坏了，我就给他用了，我再给您订一个不就得了！"

订货、发货、约时间、安装，至少又是十几天，我的车还是动不了……

这位维修人员是好人吗？是好人。他是好员工吗？不一定。差在哪里了？差在职业素养上了。说这位员工是个好人，是因为他很善良，急他人之所急，把已经到货的水箱给了当时能现场安装的客户。说他不是一个职业化员工，因为当他把水箱给那个后来的客户时，就违背了对前一个客户的承诺，违背了有约在先的商业原则，这个事情做得就不太靠谱了。职业化的处理方法一定要遵守契约精神，如果想把水箱给别的客户用，首先要跟先订货的客户商量，客户同意了再办，如果客户不同意，就要给后来的客户再订一次货，去建立另外一个契约。

这类事情在我们身边经常发生，甚至成为一些成长型企业的普遍现象，一家企业的员工队伍能不能通过职业化修炼，通过不断的精进，成为一名靠谱的员工，将直接影响客户的满意度，影响企业的品牌影响力，影响企业的竞争力。

也许有人会说，这是不是有点小题大做了？是不是有点上纲上线了？因为在我们身边这类事情比比皆是，我们根本就没有把它当成一回事，其实意识不到问题就是最大的问题，许多员工缺少职业化意识，我们都需要向着职业化不断精进。

比如，有些员工遇到问题时就会请教同事，但是同事并不愿意搭理他，为什么？因为他只知道给问答题，不知道给选择题，浪费别人的时间。有些员工认为自己迟到了，直接扣全勤奖就行了，用不着批评教育，其实他不知道因为他的迟到，耽误了许多人的工作。有些员工给客户发错了货，以为赶快换回来，赔礼道歉就行了，其实他不知道客户已经形成了这家公司做事马虎的印象。有些员工离职后把客户资源带走了，还认为这是自己的客户，理所应当归自己，却不知道公司已经支付了工资和相应成本，客户资源应当属于公司……这些员工是好人吗？可能是好人，是好员工吗？不是。他们的问题是将生活中的一些习惯带到了工作中，把他们个人朴素的认知带到了职场中，而生活中的许多处事原则并不适用于商业原则。不追求职业化的员工，他们自己的职业素养不高，客户满意度就不高，自己成长慢，企业受损失。

下面，我们一起分析一下，为什么在我们周围，相当一部分人分不清好人与好员工的区别呢？为什么许多人都意识不到职业化的问题呢？

由于历史的原因，中国没有赶上世界工业革命的浪潮，现代商业文明比较缺乏，因此，我们会不自觉地把我们所熟悉的生活文化和政治文化当成企业文化，而这两种文化又与商业文化差别很大，出现了许多文化冲突。如果我们不能意识到这一点，还是把生活文化与政治文化当成企业文化，中国企业就不可能成为规范化的公司，不可能成为受人尊敬的公司。

我们在企业中经常听到的称呼是什么？家人们、亲们、哥哥、姐姐、老大、小弟，甚至对客户也这样称呼，这就是典型的把生活文化带到了企业中。如果有一天你要考核你哥，有一天你要处罚你姐，有一天老大让你行贿，有一天小弟让你给他涨工资，有一天客户大哥让你优惠到不赚钱……你该怎么办？

生活文化和企业文化有重叠的地方，比如做人的基本道德，要求员工要诚实、正直、善良、勤劳等，也包括遵守社会的公共道德和国家的法律法规，但是它们之间却有明显的不同。生活文化以亲情为纽带，以开心快乐为目的，如果用生活文化的原则处理企业中的事情，就会矛盾丛生，笑话百出。企业文化就是商业文化，商业文化的核心就是价值交换，商业文化遵循的原则就是互利共赢，商业文化坚持的价值观就是契约精神，这样的文化就是职业文化，这样的团队就是职业化团队。

政治文化与企业文化也不同，这里所讲的政治文化是指不良的政治文化，主要是指权谋文化，俗称"公司政治"。比如，有的老板每天都要猜谁跟他是一条心，不重用有能力的员工，身边围了一大堆逢迎拍马的；公司最后散伙不是因为经营不善，而是股东之间勾心斗角，经常争权夺势；企业里官大一级压死人，管理层听不进员工的意见，运用权力打压员工；明知自己的产品和服务达不到客户的要求，却告诉员工如何去蒙骗客户……这些不良政治文化进入公司，我们就放弃了以客户为中心，而是以权力为中心，为了讨好权力，可以牺牲效率，为了争夺权力，可以牺牲共赢，为了自己的私利，就要讨好上级或者搞定客户，公司已经不是合作共赢的职场了，变成了追求权谋的"官场"。在企业中，权力的背后都是责任，权力不会轻易使用，只有当个别人违犯规章制度和公司价值观，而且屡教不改的时候，方可使用权力进行处罚，企业更多的是尽责任、做服务，职业化的公司不把精力投入到处理人际关系上，而是放在如何帮助员工成长和解决客户实际问题上。

值得高兴的是，一些快速觉悟的企业已经意识到职业化对企业的重要意义，把职业化作为团队建设的主题，把靠谱作为员工成长的目标，这些企业自觉地从亲情文化向执行文化过渡，从执行文化向职业文化升级，走上了职业化的精进之路。事实证明，凡是职业化的团队，都是执行力最强的团队；凡是职业化的公司，都是效率最高的公司；凡是靠谱的员工，都是身价最高的员工。

未来十年，企业能否成功的关键，不仅要靠硬实力，更要靠软实力，谁率先开始职业化进程，谁率先开始打造职业化团队，谁率先开始树立职业文化，谁率先开始向职业化精进的历程，谁就会走向正规化、持续化和国际化，谁就必将走向未来，甚至引领未来。

目 录

第一部分

职业选手
——我们的职业追求

有一次，我到一家企业做培训，来到课堂一看感到很吃惊，有的员工手中有教材，有的员工手中没有教材，我就问这次培训的组织者人力资源部经理，为什么会出现这种情况？人力资源经理说："我事前已经把教材的电子版发给他们了，并要求他们各自打印，他们可能有的人忘了。"我又问："为什么你事先不打印好教材拿到课堂上来，然后统一发给大家呢？"他说："我不确定到底有多少人参加培训，万一打印多了，就太浪费了。"

大家分析一下，这个人力资源经理的哪个方面出了问题？我认为是职业素养出问题了，具体讲就是缺乏商业意识，缺乏成本意识，不会计算成本与效益。请问耽误上课时间所付出的代价，和多打印几本教材所付出的成本，哪个更高呢？那么多人各自打印教材，和你一个人打印教材，哪个时间成本更高呢？作为一位人力资源经理，都说不准参加学习的具体人数，请问他称职吗？

当我把这个道理讲给人力资源经理之后，他诚恳地承认了错误，并马上回去打印了缺少的教材，但课程为此耽误了15分钟。

这件事情说得严重一点，是这位人力资源部经理有点自私，把自己应该承担的工作量，推给了其他同事；这件事情说得轻一点，是缺乏商业意识，做事不真正计算成本，甚至不知道浪费时间就是最大的浪费。心中没有成本意识，凡事不算账，凡事不权衡利弊，仅凭自己过去的习惯和性格去做事，这就是业余选手，而不是职业选手。

这位人力资源部经理是研究生毕业，所学的专业是人力资源管理，也从事了八年的人力资源工作，从专业知识、业务技能、工作阅历来讲，从专业与经验方面讲，已经是一个非常资深的人力资源经理了，但是为什么还出现这种事情呢？知识代替不了思想，技能代替不了素质，阅历代替不了境界，他所缺少的还是职业化素养。

看看我们自己的企业，看看这些年我们走过的路，有多少好机会浪费了，有多少应得的利润失去了，有多少就要成功的事业搁浅了，有多少心中的梦想破灭了。企业强壮不起来，竞争力上不去，是什么原因？根本原因就是人的素质。人的职业化素质跟不上企业的发展，跟不上时代的变迁，跟不上世界商业文明的步伐，我们的物质丰富了，但是我们的职业素质落后了，如果今天我们不觉醒、不行动，我们可能不会输在现在，但是一定会输在未来。

什么是我们的职业追求？答案是把自己培养成职业选手，我们就能够走向未来。

一、人的素质决定企业的未来

1.职业化就是竞争力，竞争的关键是人的职业素质

多年来，我们一直在说人才是企业最宝贵的财富，人才是决定一切的重要因素，培养人才就是企业的战略，但是我们要培养什么样的人才？我们用什么标准评价人才？我们要把人才向哪个方向培养？这些回答不清楚，许多认识和做法都是错误的。

这些年，我一直向企业推荐职业化培训，80%的企业管理者都说什么是职业化呀？穿的职业一点，学一些商务礼仪，讲一点职业道德就是职业化了，没有什么大作用，还不如来点实际的，上一上生产管理课、营销技能课。这从一个侧面反映了我们的企业对职业化的认识不深刻，还没有认识到职业化对企业来说比任何知识、技能都重要。同时，我们这些管理咨询师也要反思，我们在咨询培训中，更多的是教会企业和干部如何做好管理和提升业绩，而忽略了企业职业化方面的教育和修炼，让干部只是知其然，不知其所以然，

内心没有改变，内心没有动力，做出业绩也只是一时的，而无法持续。

我们有一家企业是做化工设施维护的，有一次一名员工去给客户维修设备，由于设备老化导致锈死，无法打开阀门，所以他就违反作业规程脱下手套去强行打开阀门，结果手受了伤。因为客户催得紧，这名员工也顾不上处理伤口，又继续干活，结果伤口感染，差一点截肢。最令人不解的是，项目经理就在现场，却没有制止这位员工继续操作，回来后老板居然又在季度会上表扬这位员工"轻伤不下火线"。没想到第二年客户就不再与他们续约了，他们想找到原因。客户说："你们的人都很朴实，但是你们的专业水平和职业修养真是不敢恭维，虽然我们过去的合作中没出现过问题，但是现在维修要求的专业度提高了，你们的能力跟不上了，所以对不起，我们只能另请他人了。"为什么这家公司会有这种文化呢？因为老板就是从"轻伤不下火线"的那个年代走过来的，他认为只要勤劳付出，只要流血流汗，客户就会青睐他们，却不知今天的服务要求已经发生了变化，客户对劳动保护、员工权益、价值理念更为看重，而对这种"好人的企业"，感到的却是一种潜在的风险。

一般来讲，企业只有追求更高的利润才能持续健康发展，而高利润往往要依赖于中高端客户，但是中高端客户的要求往往比低端客户要高很多，因为高端客户有更现代的企业理念、更职业化的管理素养、更有品位的专业要求。如果我们团队的专业化程度和职业化素养跟不上，就无法为高端客户服务，就无法获得更高的利润，企业也就无法持续生存和发展。所以，未来的竞争一定是人的竞争，一定是人的职业素质的竞争，只有高素质的团队才能够创造更高的客户价值，企业才能向更高的目标迈进。

2. 职业化就是生产力，企业得以减少无效劳动，提高生产效率

职业化有什么作用？职业化可以降低成本。为什么呢？因为职业化告诉我们，只有遵循共同的价值观和行为标准，团队成员相互之间的沟通才会是最便捷的，效率才是最高的。

有一次，我去一家企业参加管理咨询项目的启动仪式，公司对此非常重视，组织了全体员工参会。在此之前，他们的人力资源部和我们的老师已经做了大量的会议流程梳理与演练，其中有一个流程环节，就是在上午的课间，企业的中高层要与老师合影留念。当主持人公布这个信息时，老板突然站起来打断了主持人，让员工都不要走，都与老师留个影。这个"突然袭击"让人力资源部的同事无所适从，他们赶紧招呼刚出去的员工集体到楼下，现摆椅子现排队，又拉条幅又练口号，结果时间很长，耽误了后续的培训。过后我跟老板说："你刚才的做法有些不妥，如果想让团队与老师合影，可以要求人力资源部经理提前安排好，并选在中午合影，这样中高层也合影了，全体员工也合影了，不就两全齐美了吗？"公司的规章制度为什么执行不了？公司的计划为什么经常会改变？因为有些老板本身就任性，想起什么就做什么，为了刷一时的"存在感"，人为制造混乱和提高成本，导致公司效率低下。

企业经营要的是利润，利润的背后是效率，效率的背后是团队依据统一规则的坚决执行。如果规则在执行当中发现有错误或者不合适，我们可以去修改和完善规则，但是如果实践证明规则是正确的，或者目前看来规则是可行的，就不要随意改变规则。在现实中，我们有的老板和高层领导很愿意突然站出来改变规则，给下属、团队和公司，甚至给自己，都造成了许许多多的麻烦。一些老板特别崇尚不按套路出牌的风格，觉得只有这样才能显示出自己的能力、个性和魅力，他们以打破常规为快乐，以破坏秩序为创举，最后的结果往往漏洞百出，效益低下，损失惨重。日本企业的工作效率高，是因为日本人对规则的遵守近乎苛刻，他们有强烈的规则意识和集体主义精神，把个人的行为融入到团队的统一行动中。虽然他们在某些方面显得非常刻板，甚至在旁人看来效率比较低，但是他们深深地懂得：团队做到80%，总比一个人做到100%，其他人做到50%要强很多。到底谁聪明、谁糊涂，算一算账就知道了，什么时候我们也能算明白这笔账，团队的职业化打造才算有了一个良好的开端。

我们就说说企业中经常出现的开会迟到问题吧，有的人开会提前到，有的人准时到，也有的人总迟到，如果这个会议的内容必须要所有的人都听到，如果迟到的这个人很重要，那么提前或按时来的人们就要被迫等他。浪费别人的时间是不是成本？会议质量受到影响是不是成本？会议结束了还要派人向你传达一遍是不是成本？大家由于你的迟到而影响工作心情，这是不是成本？如果一家公司养成了群体迟到的坏风气，这是不是更大的成本？

为什么迟到问题在许多公司屡禁不止呢？因为我们太不职业化了，把开会不准迟到当成可有可无的规定，把浪费别人的时间当成无所谓的事情，把晚点来当成身份的象征、领导的尊严，把早点去当成没有分量、没有价值的表现，这就是业余水平。

规则是公平的，无论你是领导，还是员工，尊重是互相的，不但要尊重别人的时间，还要尊重别人的人格，因为没有任何人有资格占用别人的工作时间，没有任何人有资格剥夺别人创造价值的尊严。当我们都按照规则和标准按时到达会场，我们之间的合作成本最低、效率最高，这就是职业人的理解，如果做到了，就是职业化的表现。

内心是否有别人，内心是否有成本意识，其实这就是职业素养最核心的东西，如果事事从别人的角度出发，那么这个人就会有很高的职业修养，如果处处考虑成本，那么这个人就有非常高的职业水准。

3.职业化是执行力的内在修养，职业化的态度与工作技能是执行的保证

我在《执行就是要结果》一书中写到，执行就是把目标变成结果的行动，讲的就是如何提高团队的执行力，那么执行力与职业化是什么关系呢？

执行力就是职业化的外在表现，职业化是执行力的内在修养，两者实际上是一体的，优秀的企业一定会内外兼修，外修执行力，内修职业化。

执行就是要结果，结果的三要素是指"有时间、有价值、有证据"。如果一个人缺乏职业化素养，做事情拖延，做的结果没有价值，每天空话连篇拿不出证据，那么他的结果就做不好，他的执行力就会有问题。

下边是一个老板与技术部经理的对话，大家分析一下，看看技术部经理有什么问题。

老板：给客户的图纸完成了吗？

技术部经理：完成了。

老板：给销售部王经理看过了吗？

技术部经理：还没有。

老板：销售部不审核，怎么能叫完成了呢？

技术部经理：我这就给他们发过去？

老板：什么时候报给我？

技术部经理：那要看王部长什么时候审核完？

老板：那是你们之间的事情，我只要你们审核通过的图纸。

技术部经理：我尽快吧。

老板：我怎么答复客户，具体什么时候谈合作？

技术部经理：那也得等图纸没有问题了，再给客户才行呀。

老板：……

大家仔细想想上面的对话，老板想要的结果，实际上最后还是没有得到，可以说是一次无效的沟通，既浪费了时间和精力，双方之间还相互产生了一些怨气。为什么会出现这种情况呢？原因在于技术部经理不敢承担责任，也不懂得站在老板的立场，思考老板到底要什么，而是别人问一句，他就答一句，从来没有积极主动地、完整地做出承诺。

如果是一个具有职业化素养的技术部经理，应当这样回答：我们技术部内部已经审核通过了图纸，今天下午报给销售部审核，最晚不超过明天下午3点，我会把我们审核过的图纸报给您，您现在可以跟客户预约时间，后天我们一起与客户研究图纸并商谈合作协议。

所有的结果都是行为的产物，所有的行为都是思想的产物，所有的思想都是自我修炼的产物，所以缺少职业化的修炼，就不会产生执行的思想，就不会产生执行的行为，也就不会产生我们想要的结果，这就是职业化对执行力的重要作用。

二、职业选手与业余选手的四大不同

好人不一定是好员工，如果没有经过执行力修炼，没有达到职业化的标准，这个好人还只是一个业余选手，而不是职业选手。

业余选手有两种解释，一种是纯粹出于个人爱好，而不以此为谋生手段的职场人就是业余选手，第二种解释就是这个人身份是一个职业人，但是他的职业素养却没有达到职业人的要求。

一个人有自己的职业和工作，业余爱好是踢足球，那么他就是一个业余球员，他不以踢足球来赚钱谋生。如果一个人加入了足球俱乐部，参加职业联赛，并以踢足球来谋生，以踢足球作为自己的职业，那么他就是一个职业球员。

有些人的身份是职业选手，但是他的思想和素养并没有达到职业选手的要求，这才是我们需要提升职业素养的着眼点。不是说你穿上了白大褂，就是一名合格的医生，医生不仅有执业资格，还应当有职业水平和职业修养。不是说你走上了讲台，就是一名合格的老师，老师不仅有职业资格，还应当有专业的水准和良好的师德。不是说你穿上了国家队队服，就是一名合格的中国男足的球员，还应当有良好的足球素养和为国拼搏的精神。

为什么我们国家的男子足球队踢不过连球鞋都买不起的叙利亚队？因为有的球员的拼搏精神和牺牲奉献精神差一点，不愿意在场上拼搏到底，在个人利益和球队胜利两者选择其一的时候，他们令人遗憾地选择了前者。再来看看我们的女排，她们的平均收入要低于中国男足，但是她们为国争光、敢打敢拼的精神，在赛场上展现出来的良好的职业道德素养，让我们全体国民为之肃然起敬。

同样，我们身为公司的一员，不是因为我们与公司签订了合同，穿上了公司的工装，走向了工作的岗位，名片上印上了某种职务，就是一名职业化的员工了。我们的专业到底能不能胜任岗位的要求，我们在与同事、领导和客户的交往当中能否坚守契约精神，我们的敬业精神是否达到了把工作当成生命一样去热爱的高度，给自己的职业找到一个非常崇高的理想？如果没有做到，我们也还是一名业余选手，而不是一名职业选手。

我们认为业余选手与职业选手的区别有四个方面。

1. 态度：业余选手做事马虎，漏洞百出；职业选手做事认真，少有差错

业余选手最明显的表现就是做事不认真，干工作马马虎虎。

你让这种业余选手做一件事，比你自己做事还累，为什么？因为他总会出漏洞，让你提心吊胆，没有一件事能够认真彻底地完成好，交给他工作后，你就没有一天是心里踏实的。

这是能力问题吗？有些人是，但99%的人不是能力问题，而是态度问题，是认真精神的问题，是责任心的问题。

我们有许多客户是做印刷行业的，他们厂里大部分浪费是员工不认真操作机器造成的，本来管理规范中有要求，印刷前要先出样品，经过检查确认无误后再印刷，但是一年总会有那么几回，员工操作的时候不认真，自认为没有问题了，一按开关，机器就开始大量印刷，直到结束时才发现全是次品。

我们还有许多客户是做服装加工的，他们的原料都是客户提供的，没有

多少富余的备料，所以裁剪工序就显得十分重要，一刀下去如果不准确，布料就全废掉了，每年都有这么几次不认真，出现了几批废品，不仅延误了交货日期，还造成了公司的直接损失。

我们有许多客户是做房地产的，他们的工地上经常出现由于不认真了解设计方案，采购回来的设备或者材料用不上的情况，最后不是引起退货纠纷，就是需要更改设计方案，返工就导致延期交付。有一家房地产公司的设备采购人员，不去了解电梯井的设计情况，也不核对图纸，就购买了全部的电梯，结果一台都安装不上，厂家不退货，也没有替换的规格，最后只好把电梯井砸了重建，直接损失200多万元。

这就是业余选手，不是做不到，就是不认真，其实按照规程认真一点，凡事尽心一点，把握不准的就核对几遍，一遍不够就核对三遍，不放心别人的就自己亲自做三遍，什么问题都不会出现了。因为我们没有这种职业习惯，对程序、规范、试验等就从来没有在意过，也没有敬畏过，能省则省，能略就略，别人看不见最好，看见了找个理由混过去，得过且过，这就是业余心态。

有人说，人就是人，不是神，哪能不出错呢？这句话说得对，人不可能不出错，关键是看什么错，是原则性错误，还是一般性错误，还要看出错的次数，是偶尔出错，还是经常出错，我们对待这些错误和犯错者的态度将会有所不同。

如果是一般的、偶然的，及时批评教育，纠正改正就行了，但有的人是经常犯错，犯原则性错误，我们就要严肃处理了，而且有的是不可原谅的。

比如，婴幼儿奶粉质量是不能出错的，煤矿安全生产是不能出错的，起重设备操作是不能出错的，驾驶长途货车是不能出错的，100万元汇款是不能出错的，公司重大转型的投资决策是不能出错的……因为这些错误所造成的损失将是非常重大的，有些是人命关天的，而且这些损失是无法弥补的，是我们无法接受的问题。

欧洲民间有一段民谣：一只马掌影响一匹战马，一匹战马影响一位将军，一位将军影响一场战争，一场战争影响一个国家。大事往往是由小事积累而成的，就是因为我们对一些小错熟视无睹，不以为然，马马虎虎，最后积攒成了大错。一个小小的配方错误，导致了整批产品报废；一个小小的螺丝没拧好，导致了吊车的坠落；一个低头看手机的动作，导致行驶的车辆飞出了马路；一个小数点点错了，公司损失了十几万元的现金；一次意气用事，签了一份悔恨终生的合同……

都说中国人聪明，我们说大聪明才是智慧，小聪明就是想走捷径。业余选手，就是只讲小聪明。不愿意按章办事，不讲究规则，不注重细节，不执行流程，就是业余选手的表现，这背后是懒惰和不负责任的心态在起作用。有些人看起来不聪明，甚至还有点笨，但实际上他们做事认真，工作严谨，最后都取得了非凡的成就。

我们都看过电影《阿甘正传》，阿甘的智商只有75，却取得了许多人都无法获得的成就，他一生中从事过许多职业，他是大学橄榄球队的明星，他是受到总统表彰的越战英雄，他代表美国参加中美乒乓外交，最后他成了一个大富翁……智商这么低的人为什么能取得那么大的成就？他有什么过人之处呢？

没有什么过人之处，只有认真。他是学生时，就会认真地打球，没有人让他停住的时候，他就会在比赛中抱着橄榄球跑过终点，甚至跑出球场大门；他是职业军人时，他会认真地练习拆装枪械，是所有新兵中速度最快的人，连最挑剔的军官也不得不说他"真是个天才"；他是职业运动员时，他会认真地学习乒乓球，把球准确地打入尿壶中，最后练就了左右开弓的高超本领；他是生意人时，会认真地在海上捕虾，即使遇上暴风雨也决不回头，结果回去的船只都被巨浪打翻在港湾，而他做成了独家生意，由此他组建了美国最大的捕虾舰队，成为世界最大的捕虾公司。

看看我们身边的领导或者同事，但凡有些成就的人，都有许多鲜明的特质，仔细研究一番你会发现，他们共同的特征之一就是做事认真。

一位出色的老板可能平时是一个穿衣戴帽都不十分讲究，粗茶淡饭就觉得挺好的人，但是如果今天接待的是客户，他可能要认真地追问上什么菜、什么酒，有什么人陪，中间说什么话，会把所有的细节都问清楚，这样的老板创办的公司，客户体验一定是很棒的。一位优秀的质检人员，可能平时是一个非常随和的人，但是如果今天做成品出库检查，凡是不合格品，一律要求退回，无论谁来说情，都坚决不会让步。一位很厉害的技术人员，可能平时是一个下车都忘关车门的人，但是如果今天是审核图纸，他就会废寝忘食审一天，每张图、每个标识、每个参数、每个说明都不能放过，因为这个图纸要交给客户审核。一位业绩很好的销售人员，可能平时是一个连女朋友约会的时间都能忘记的人，但是他会记住与客户闲聊当中不经意的一句话，比如得知客户家的老人要出去旅游，可惜没人陪着，他会主动提出陪老人出游，结果客户非常感动，最后订单签订也就顺理成章……

这就是认真，这就是职业的态度，这就是所有职业选手最鲜明的特征。

2.专业：业余选手浅尝辄止，得过且过；职业选手精益求精，追求极致

业余选手对业务不肯钻研，不肯下功夫，他们容易浅尝辄止、半途而废、得过且过，他们都是"差不多"先生，其实离标准还差很远。这些人中的一部分意识到自己还有很长的路要走，可能就失去了勇气和信心，开始混日子；另一部分人缺少见识，不知道什么是高标准，水平其实很差，还自以为很了不起。

职业选手对业务精益求精，对专业境界的追求永无止境，他们从不自满，会因为自己差一点点没有做好而感到惋惜或后悔，他们以能够把问题彻底解决，把事情做到极致而倍感骄傲与自豪，他们的格言是"追求完美，干到极致"。

凡是精品，背后都有一个追求完美的故事。2019年国产动画片《哪吒之

魔童降世》的票房突破了46亿元，动人的故事、完美的画面、出人意料的造型，都获得了广大观众的好评，也创造了中国电影史上的奇迹。这个巨大的成功来之不易，从创意开始一直到最后上映，创作团队走过了四年的艰难曲折，但是无论遇到什么困难，对精品的完美追求，都是整个创作团队矢志不移的工作原则。有一个小故事可以说明这一切，导演最开始想用真正小男孩的声音来给哪吒配音，唯一要求是这个声音要"丑丑"的，试了很多人，最后选中了吕艳婷。她是一位有十年执教经历的专业配音老师，而她在配音时也把"从来没用过的人生最低声线给逼出来了"，最后配音完成了，她也失声一个多月，其中哪吒那句最感人的"今天是我的生辰宴，都不许哭"的台词，据说配了50多次才过关。

在这个客户要求逐渐提高的时代，我们的产品与服务，如果不能够做到精益求精、追求完美，也必将落后于时代，最后被客户所淘汰。但遗憾的是，许多公司与客户的要求相距甚远，虽然每年都在进步，但总是差那么一点点。

我们有一个客户，是一家国有大型制糖企业。多年来，我国糖类产品的质量不如巴西，成本也高于巴西，如果不是国家政策保护，肯定竞争不过人家。后来这家企业励精图治，改良甘蔗的种植品种，改善公司管理模式和生产流程，不断推出新的系列产品，主要转向生产糖浆，以满足国内饮料行业的需求增长。经过努力，他们与一家大型饮料企业建立了业务联系。饮料企业提出，先做一批产品看看，当他们把产品拿过去之后，饮料企业让把大桶包装变成小桶包装，因为他们需要最新鲜的糖浆，大桶的打开后用不完，糖浆就会在空气中氧化。这家制糖企业开始特别不理解，行业标准都是大桶装，怎么只有你们特殊，认为这是客户的刁难，但是为了生存，为了订单，他们只得把大桶换成了小桶。当他们第二次把产品送过去的时候，饮料企业又问用什么车送货？是不是刚运完化肥的车？以后必须用检疫过的专车送货。制糖企业就觉得非常郁闷，哪来这么多苛刻的要求？但是为了生存必须要改变自己的运输标准，用检疫过的专用车为客户做物流配送。几年过去了，这家制糖企业凭借在饮料行业中质优量大的产品优势发展壮大，他们现在特别感谢当年客户的挑剔，如果当初没有大桶变小桶、散装车变专用车，以及后来系列糖浆的产品创新，他们不会有今天的成就。

业余选手通常自我感觉良好，总觉得自己已经尽了最大努力，已经做到最完美了，已经做到无可挑剔了，实际上他们离客户的要求还相距甚远。即便他们知道离客户的要求还有很长的距离，他们也不愿意为此付出，觉得麻烦，觉得没必要，觉得付出与收获不成正比。正是这种心态导致过去我们一些企业获得了"苟且红利"，可是今天不同了，赚钱的公司都在获得"不苟且的红利"。在2020年《时间的朋友》跨年演讲中，罗振宇说："我们稍有成就的人，可以扪心自问，我们取得那些成就真的是因为天赋吗？不是，是因为我们在某些时刻，比别人稍微认真了一点点，这就足够了。"在攀登时代的中国，咱们比周围人认真一点点，这就足够了。别人的苟且，成就了我们的努力，所以"苟且红利"准确来说应该是"不苟且的红利"。

不苟且，就是职业选手的人生态度。我们做模具的，要把表面处理的精度做到极致；我们做汽车的，要把车门开关的手感做到极致；我们做软件的，要把操作界面的人性化设计做到极致；我们做工程的，严格到每根电缆摆放都整齐到极致；我们做餐饮的，要把每道菜品摆盘造型做到极致……这种追求极致，并不是不看大局，反而是大局能够得以实现的细节保障；这种追求极致，不是不顾忌成本，反而是通过增加产品的附加值抵消了部分成本，会获取更多的利润。

3.商业：业余选手以我为中心，有自恋情结；职业选手以客户为中心，自利利他

在生活中，在不影响他人利益的前提下，可以以自我为中心，按照自己的喜好和主观意志去选择和安排自己的生活。如果在生活中与他人利益产生矛盾，我们可以采取回避的方式，以免影响自己的好心情。但是在商业领域

就不能这样做，因为在商业领域，有一个我们必须服务的对象，那就是客户。如果没有客户，就无所谓商业；如果没有客户，就没有我们的企业；如果没有客户，就没有我们的职业。业余选手经常是生活与商业分不清，不自觉地把生活中的"以自我为中心"放到商业中来，突出的表现是客户不重要，我最重要，一切以自我为中心，也就是我们常说的"比较自恋"的那种人。

职业选手就不一样，他们的一切行动只有一个准则，就是让客户满意，他们的一切工作只有一个中心，就是以客户为中心。他们知道每一个人都会争取自己的利益，但是必须要先"利他"，才能得到"自利"，利他就是先有利于客户，然后才能自利，"自利利他"就是他们的商业哲学和处事原则。

一家酒店门前有一块很开阔的平地，可以停放很多车，但是他们用移动的墩子，把这个地方围了起来，只有老板的车可以停在里面。有一天，一位顾客开了一辆五菱宏光面包车，因为车体比较小，能从两个墩子之间穿过，

把车直接开到了酒店门前的空地上。酒店的管理人员看到后，就要求这个顾客把车开出去，双方产生了争执，酒店的老板甚至出来谩骂顾客。这哪里是开酒店？这哪里是做生意？这是一种极其业余的水平。如果这是你们自己家，是你私人的停车位，别人把车停在那里，你可以要求他移出去，但你们是一家对外营业的酒店，应该把客户的利益放在第一位，把好的车位留给客户，把偏远的车位留给自己。如果顾客都不来你们酒店了，你们靠什么做生意？这是两种文明的鲜明对比，以权力为中心是农业文明，以客户为中心是商业文明。员工不应该看老板的脸色行事，而是要看客户的脸色行事。在企业当中，职业化的老板跟员工最经常讲的一句话，就是不要看我的脸色，而要去看客户的脸色。小农意识、面子文化，这些都是非常业余的思想观念，而以客户为中心，为客户提供便捷的条件，才是职业化的表现。

外部客户如此，内部客户也一样，是否能够为领导和同事提供方便、快捷和满意的服务，也是一个人职业修养的表现。

在公司举行的专业培训会上，主持人上台之后，一会儿带大家玩游戏，一会儿讲今天的趣闻乐事，一会儿又向大家提问题，请大家回答，而忘记了自己是一个主持人，今天的主角是讲课的老师，服务的对象是台下所有的员工。一个开场就用了将近20分钟，这20分钟除了"自嗨"，没有发挥主持人的作用。作为一个职业化的主持人，永远把自己摆在绿叶的位置，把讲师与学员放在首位，开场的主要任务是介绍课程内容，讲解上课要求，之后就要隆重介绍主讲人，一般不超过5分钟。如果要活跃一下现场的气氛也可以，说几句幽默的话或者与听众简单互动一下，逗大家开心一下也就可以了。占用时间说大家都不感兴趣的事情，下边的领导和员工已经非常不耐烦了，可是这位主持人却意识不到，还在那里自我陶醉，这就是业余的表现。

如果你是面试官，就不能大谈求职技巧，而应当让应试者多讲一些自己的情况；如果你是一个秘书，在商务活动场合就不能滔滔不绝，因为会场的主角是领导和嘉宾；如果你是一个推销员，就不能兴奋地大讲人生感受，而是要倾听客户对产品与服务的需求……

谁是客户，谁是服务的对象，应该以谁为中心？这在职业人心中应有一个非常清晰的答案。只有认清了客户是谁，客户现在需要什么，职业人才能克制一些与客户希望不一致的喜好，收敛一些与客户要求不一致的习惯性动作，这就是职业化的修炼。

以客户为中心，还表现在一旦与客户达成了一致，就会信守承诺，如果在履行诺言过程中出现了不符合客户要求的情况，就不要讲理由，应当及时告知客户，同时还要尽量弥补过失，如果不能弥补，就一定要赔礼道歉，赔偿客户的损失。

有一次，我从酒店出发去机场，手里拿着行李，外面下着大雨，我订了一辆网约车，依照人们正常的理解，网约车应该按照导航开到酒店大堂的门口，因为这里有遮雨的地方。结果司机把车停在了与酒店隔着一块草坪的路边，还用电话指挥我走过去，就好像我是他的一个哥们。我问司机为什么不开到酒店门口呢？他说就这么几步道，走过来不就行了吗？其实酒店门前是一个单行道，他需要绕一小圈才能开到酒店院子里面。他就是为了自己节省，却让我冒着雨跨过草坪上他的车，把麻烦留给乘客，把方便留给自己，这不就是业余选手的典型特征吗？我当时犯了"职业病"，给他上了一课，我说："乘客为什么要租车，不就是为了图一个方便吗？按照导航的位置来接客，这不是一个约定吗？你看看哪个网约车不是直接开到酒店门口，方便客户上下车呢？"这个司机还跟我理论，认为这是一件小事。我决定给他现场示范一下，于是我取消了他的订单，重新叫了一辆网约车，三分钟后人家的车就停在了我的面前。

工作中难免会有过错，如果自己意识到错了，要及时通知相关方，而不要有侥幸心理，觉得能把客户蒙过去就蒙过去，给已经有麻烦的客户再找麻烦。如果确实错了，就应该用实际行动尽可能地弥补，而不是为自己寻找辩解的理由。客户不是你的哥们，客户是你的商业合作伙伴，是价值交换的一方，如果客户不按照约定付钱或不履行义务，我们可以不提供服务，或者改变服务承诺。但是如果客户没有问题，我们就要从自己身上找原因，如果我们都能够知错就改，多数客户也会通情达理的。让我们把每次改过都当成一次进步的机会，我们团队的职业化进程就有了良好的开端。

中国人现在已经有四亿左右属于中等收入阶层，他们是国家消费的主力军，我们所有的行业都必须清醒地认识到，中等收入阶层不仅有很强的消费能力，而且他们有知识、有文化、懂法律、讲文明，对服务品质的要求也越来越高，这种外部环境也从客观上逼迫我们企业改变业余选手的不良习性，必须走职业化的道路。

4.敬业：业余选手对工作不尊重不敬畏；职业选手对职业抱有崇高感使命感

有些人认为工作就是为了生存，这无可厚非，谁都需要养家糊口，但是有那么一部分人把自己的工作看得非常有意义，把从事自己的职业当成崇高的事业，把完成工作当成履行某项使命。对职业的不同认知，从而产生了完全不同的生命状态。

我们去浙江一家中日合资公司做培训，培训前我们与日方的经理做了一个单独访谈。在访谈的时候，他看上去有些犹豫，欲言又止，我就跟他说："不要有什么顾虑，我们是来解决问题的，你有什么问题，直接说好了。"果然他就特别谨慎并认真地问了我一个问题："孟先生，为什么我们的员工一到吃饭的时间，没有干完的工作就可以放下不干了，着急去吃饭呢？过去中国贫穷，吃饭很重要，现在中国富裕了，吃饭还是那么重要吗？"看到他率真的眼神，我判断他不是有意嘲笑我们的国民，而是他长期以来百思不得其解，又不好意思问别人这个问题。

面对这样一个问题，我还真是一时被噎住了，用一句话、两句话还真的回答不了，因为这个原因太复杂了。

　　我想了一会儿，对他说："中国已经富裕了，员工们到点去吃饭，不是因为吃饭对他们来说很重要，而是因为他们已经习惯了。以前是有制度不执行，没到时间就已经有人离岗了，没有离岗的人，心也早就飞走了，完全没有职业化。现在大家遵守制度了，到点就去吃饭，相对而言这是进步了，更加职业化了。但是，我们还没有养成敬业的习惯，敬业就是工作第一，没有完成手中的工作决不去吃饭，个别优秀的员工能够做到这一点，但是大多数员工还做不到，因为我们还没有职业生命这个概念。"这位日本经理似懂非懂地点点头。

　　在培训的时候，我请工人们讲一个身边日本人的故事，说一说日方员工在工作方面有什么值得学习的地方。大家你看看我，我看看你，半天没有一个人发言。

日本人不吃饭呀？

日本人为啥这么认真？

日本人干嘛这么卖命？

　　好不容易有一位员工发言了，他说："我经常看到他们在午饭时间加班，如果还有一些活没干完，他们就不去吃饭，直到干完为止。有一次我们班组修理机器，一位日本技工干到下午一点半才去吃饭，当时我们中国员工都走了，我也走了，但是走到一半我又回去了，看到他一个人在那里干，我当时挺感动的，这些日本人工作时的确很忘我。"我接着问："大家想想为什么日本人这么忘我地工作呢？为什么我们会走开，他却一个人坚持干呢？"

大家说："我们以前也没有仔细想过原因，好像日方员工都这样，只要手中有活就决不会停下来，直到完成为止。如果一时干不完，他们也会休息一下，就算是休息时间，他们也会琢磨如何处理工作，他们上班就像着了魔一样，特别认真、努力。"

面对文化程度不高的工人和管理干部，我不想讲太多商业文明的发展与演化，也不想讲在工业化初期中国员工职业化需要一个过程，这些是理论问题。我们与日本员工生活在两个不同的职业化世界里，我们是两个世界的人，他们的国家已经完成了工业化，他们的员工已经完成了职业化。他们看到我们没有做完工作就去吃饭，觉得是不可思议的事情，我们看他们中午不吃饭还着魔似的干活，也觉得有些难以理解。两个国家的员工都用自己习惯的方式工作着，只是在中国进入国际化竞争的大趋势下，两个不同精神世界里的员工突然被放在同一个时空中工作，职业化的差距就凸显出来了。

我们不可能要求中国员工的职业化程度一夜之间赶上日本员工，但是我们应当首先要知道职业化演变有一个层层递进的发展阶段，敬业是职业化的最高境界，我们多数人现在还做不到。那么我们可以从专业开始，向商业迈进，再努力走向敬业，总会有一天，我们的员工也会像日本员工那样敬业，甚至会超过他们。现在一些优秀的中国公司已经呈现出好的迹象，员工对自己的职业开始有了使命感和崇高感，他们不再是为了单纯的赚钱，而是认为自己的工作会促进社会进步，会让世界变得更加美好。网上有一个笑话：一个日本人到中国的工厂当厂长，结果不到一个月，他就辞职了，他对总经理说："我以为自己会成为中国员工学习的榜样，没想到我完全领导不了他们，因为他们比我更疯狂。"

中国在经济规模上已经超过了日本，成为了世界第二大经济体，但是我们在职业化方面还需要向他们学习。现在，中国正在从经济大国向经济强国进步，所谓经济强国就是保持高质量的经济发展，高质量发展的背后一定需要精益求精的精神，需要使命感和崇高感的驱动。我们今天学习职业化，就是让这个过渡的步伐加快，只有我们的企业和员工真正实现职业化，我们整个国家、整个民族才能够真正强大起来。

三、职业化的三个标准：专业、商业、敬业

从前面的论述中可以看出，职业化的三个标准就是专业、商业和敬业。纵向上看这是三个由低向高的层次，横向上看这是三个发展阶段，职业化的目的是提高团队的职业素质，进而提高企业的竞争力，所以职业化是一个过程，也是一个结果。

改革开放以来，中国的职业化是从体育事业开始的，因为体育规则是世界通用的，要想成为国际体育大家庭的成员，我们必须与世界接轨，与市场接轨，运动员的职业化就是以职业为生。当然最早接轨也就最先痛苦，最先痛苦也就最先有成就，中国运动员参加了一系列职业联赛之后，才逐渐懂得了什么叫职业运动员，最优秀的一批运动员，也是职业化最好的一部分运动员，他们许多人已经走出国门，成为国际体育明星。

16岁进入上海男篮，17岁出战"八运会"，19岁入选国家队，21岁被NBA选为状元秀，成为休斯顿火箭队的主力……不用问，很多人都知道这个人是姚明。

其实，在姚明小时候，篮球运动员出身的父母，不想让儿子以篮球为生，只想让姚明上大学，为了得到体育特长的加分，才把他送到了体校打球。谁曾想，姚明凭借着自己的勤奋和执着，走上了职业篮球运动员的梦想竞技场——美国NBA。

姚明曾经是NBA最优秀的中锋之一，也是华人运动员中收入最高的人，当时年收入是5500万美元。姚明能够取得成功，首先要归功于他的专业水平，换句话说，如果打不好球，专业水平不行，那么这一切就都免谈了。

为了提高专业水平，姚明经历了许多艰苦的磨炼，他经常提前一小时到球场训练。当队员集合时，他至少投了几百次篮了。他的缺点是没有力量，体能教练法尔松为他制订了特殊的训练计划，规定姚明如何锻炼耐力、灵活性和稳定性。

体能训练是枯燥的，甚至是痛苦的，但是姚明认真执行训练计划，总是能够达到教练的要求。作为职业运动员，就要遵守职业上的规矩，包括吃什么都是有规定的，不能随便吃，体能教练给你定目标，营养师给你列食谱，好吃不好吃都要吃，因为这是身体的需要，也是专业的需要。语言教练科林让姚明熟记长达四页的英语篮球术语，还要经常考试，后来姚明的英语水平完全可以与教练和队友交流了。最后还有自律，姚明新婚度假时找酒店，也要选择有健身房的酒店，因为体能训练绝对不能中断。

为什么要这样严苛地对待自己呢？很简单，专业是为了商业，作为职业球员，没有专业就等于没有谋生的资本，球打得不好，就没有人愿意为你付钱。职业球员的收入除了年薪之外，主要来自广告，厂家是否愿意请你做广告，完全取决于你自身的职业价值，也就是我们所说的"身价"。职业价值的最低层次就是专业价值，其次才是商业价值，对于姚明来说，专业价值首先是成为一名优秀的中锋。

当然，如果只有专业技术水平，也不能说你的职业化程度有多高，许多人的专业都很强，这些专业能力如果不用来交换，也是一文不值的。许多人一生技艺超群、才华横溢，但是在财富与事业上没有多大成功，那是因为他没有将自己的专业价值市场化。"姚之队"负责人章明基说的好，姚明必须首先把球打好，在NBA赛场上获得认可才能成为这种拼搏形象的代言人。

什么是商业呢？就是用你的专业价值与合作方去交换，包括你的雇主和客户。你能够以契约精神为雇主和客户创造价值，雇主和客户就愿意为你付钱。商业的背后是平等尊重和互利共赢，再说俗一点，受人之托，就要履行职责，职业人就是要有契约精神，这是职业化的核心。

2008年4月，姚明左脚再次受伤，这是一次很不合时宜的受伤，除了自己效力的火箭队有重要的比赛之外，离奥运会还有四个月的时间了。姚明说："这是迫不得已，但我还是觉得对不起球迷，对不起队友和教练，也对不起老板。火箭队付给我整个赛季的工资，我却只打了半个赛季。"从姚明的谈话中，我们可以感到一名球员上不了赛场的内疚，不能够给雇主带来回报的歉意，这就是商业意识，是职业球员的本质表现。

火箭俱乐部是姚明的雇主，老板是莱斯利·亚历山大，他与姚明签订了1780万美元的四年合约。老板有自己的商业期望，他说："这将是一个世上少有的体育人故事。亚洲有20亿人，每个人都会看他的比赛……两年后，他的成就将超过迈克尔·乔丹，在世界范围内，将超越泰格·伍兹。我想，他将成为世界头号偶像。"

他是商人，签约姚明的目的是什么，就是要收获比经营乔丹和伍兹更丰厚的回报。为了营销姚明，他专门成立了经纪团队——"姚之队"，他们委托芝加哥大学商学院完成了一份《姚明市场开发策略》的研究报告，其中给姚明的定位是：一个球技精湛且年轻有为、蓬勃向上、勤奋好学、有责任心的中国青年，一个NBA的国际亲善大使。

这个定位有什么作用呢？就是告诉姚明要按照这个要求去做，俱乐部与广告商也有合同，只有姚明不出问题，他们的商业回报才会最大化，俱乐部才会赚钱。这其中来不得半点含糊，如果出现了什么酗酒、绯闻、耍大牌等劣迹，破坏了好形象、好声誉，就不会有商家为广告买单了，这就等于毁了他们为姚明的投资。所以，这是一个商业契约关系，姚明要自律，才能履行好与俱乐部之间的商业合同，俱乐部要管理好姚明，才能履行好与广告商之间的商业关系，而这一切，必然以姚明的专业水平和成绩为基础。

好在姚明在专业与商业上成功的同时，还给我们树立了敬业的榜样，他说："我来到这里，似乎要做一些超越篮球本身的事情。"他希望自己的NBA之行能向美国人传达如下意义——中国人很看重集体荣誉和国家荣誉。"我希望美国朋友能了解，中国人是如何在困境中真正努力工作的；我同时也希望，他们通过我在NBA的工作表现，能真正看到这一点。"奥运会之前的那次受伤，让姚明十分不安，在表达了对火箭队的歉意后，他说："我对国家队也怀有同样的感情，参加奥运会一直是我的梦想，在自己的祖国打奥运会甚至比梦想更美好。"

超越专业与商业本身，进入追求职业人生与社会意义的境界时，我们才说这个人具备了敬业精神，这种精神已经成为职业人奋斗的强大精神动力。不论别人说什么，无论自己处于什么境地，都会忘我地工作。对姚明而言，他在NBA不再是为打篮球而打篮球，他对职业意义的理解已经上升到使命的高度，这个使命就是向世界证明中国人的优秀。2016年姚明进入史密斯篮球名人堂，这是世界篮球运动员的最高荣誉，他实现了自己的愿望，现在他又成为中国篮协的主席，领导中国篮球事业走向更高的水平。

除了岗位不同，作为职业人，姚明与我们大家没有什么本质上的区别，我们每个人都一样，都在工作，都在赚钱，都在探索生命的意义和职业的价值，只不过姚明实现了专业、商业和敬业三个层次的飞跃，完成了个人职业化的进程，成为我们学习的榜样。姚明还在进步，还在路上，那我们呢？

了解了职业化的三个阶段和境界，我们就很容易分辨出某个员工处于哪个水平，问题在哪里，如何再提高。我们许多员工10年前来到公司的时候，什么都不懂，就是一个职场"菜鸟"，一个专业"小白"。随着企业的发展，自己积累了一些专业知识和业务技能，成为了专业高手，完成了专业化的成长过程。但是有了一定的专业能力之后，一些人就变得非常傲慢，不愿意与别人合作，眼中没有规则，开会唯独他可以迟到，报告唯独他可以不交，公司的制度管不了他，他的口头语是"在公司，除了老板，谁的话我都不听"，甚至于有一天与老板产生冲突时，就会以辞职来要挟公司。这样的人，专业化完成了，商业化没有完成，职业成长也就到头了。

我们常说，有能力的人，多少都有些个性、有点脾气，可见让一个人能力又强，态度又谦虚，这是非常难的事情，而正因为难，才需要我们去修炼，修炼就是改掉不良习气，去掉"小我"，最后回归真我的过程。这样的人在我们身边也有，他们专业技能非常好，同时又能以谦虚的态度与别人合作，以契约精神完成对他人的承诺，这就是完成了商业化的成长阶段。

　　如果再往上走就是敬业的境界了，这部分员工虽然总数不多，但是在我们企业中多少都会有。他们不但专业技术好，遵守承诺，而且对自己的工作和事业抱有强烈的责任心和使命感，他们把工作当作生命一样去热爱，对自己的职业充满敬畏之心。他们对工作的理解已经上升到生命的层面，认为只有投身工作，自己的生命才有意义。

　　专业、商业、敬业，是我们每一个职业人必经的成长历程，这里不仅仅指员工，还包括我们的董事长、总经理。董事长、总经理也要意识到，我们所从事的也是一个职业，一个职业的董事长，一个职业的总经理，我们也同样需要通过自身修炼完成这三个过程，走完这三个境界，而且你的境界决定了你下属的境界，你进步的速度决定了下属进步的速度，你的职业化水平决定了自己企业的命运，所以职业化修炼一定要从企业的一把手做起！

第二部分

专业技能
——职业人的生存之本

职业，英文是Profession，其实它有两个涵义：职业和专业，说明从某种意义上讲，专业就是职业。俗话说，"没有金刚钻儿，别揽瓷器活儿"，人要靠本领生存。专业能力和专业精神是一个人的生存本领，没有专业就失去了职业的基础，没有专业化的技能和专业化的精神，就没有职业化。

每个职场人都要知道，一切所谓的关系、背景、人脉都靠不住，只有终身就业的能力是自己的。有了这个能力，你就有了市场价值，有了个人的职场品牌，有了更高薪水和实现职业理想的可能。这个能力不仅仅指你的专业能力，还有你的专业精神，包括认真的精神、专注的态度、进取的意识、为客户服务和对业绩追求的热情。人人都喜欢与这样的专业人士交往与合作，愿意聘用这样的专业人才，你的专业程度越高，职业化程度越高，你的身价就越高，你的商业价值就越高。如果有一天你去创业，当了老板也一定会非常成功，因为你的专业形象会成为员工职业化的表率。

一、专业是我们的"看家本领"

1.这是一个"用钱买专业"的社会，专业是谋生的手段，专业是职业化的底线

前不久我们的办公室要装修，需要砸墙、砌砖、刷漆、网络布线、清扫保洁……不大不小也是个工程，我们把业务包给了一家装修公司，验收那天行政主管一定让我去看看，我看了之后就觉得不对劲儿，墙上的白漆刷得深一道浅一道。我说这个人一定不是专业刷漆的，装修公司经理不承认，说昨

天太晚了看不清，请我们再给他一天的时间补救。我说可以，但是有一个条件，如果还不合格，我们就要换人，如果别人刷得比你好，你就把这份工钱给人家，他同意了。

结果第二天我们再去验收，效果还是不理想，只不过原来浅的地方变深了，深的地方又浅了，还是不均匀。我说算了，不要耽误时间了，我让行政主管上网查了查，专门找了一位刷墙的师傅。结果很快找到一位，他说不合格不要钱，下午就过来。行家一出手，就知有没有，这位师傅刷得轻松自如，又快又好，一气呵成，装修公司经理哑口无言，给了人家工钱。最后他承认，他们负责刷墙的是瓦工，为了"肥水不流外人田"，就想自己干了。

瓦工就是瓦工，漆工就是漆工。瓦工就是砌墙抹灰，横平竖直，漆工就

是刷漆均匀，其中的功夫看着容易，做起来难，一个专业人士需要好几年的学习与磨炼才能出师。瓦工想挣漆工的钱，没那么简单，专业就是"隔行如隔山"。我们之所以付钱，不是因为你辛苦，而是因为你专业，这是一个"用钱买专业"的社会，你没有提供专业服务，再辛苦也得不到报酬。

随着中国经济的高质量发展，客户对企业的要求更高了，企业对员工的专业能力要求也就更高了。专业能力的提高，不是保持在一个水平多年不变，而是要在自己的专业领域不断升级，这不是跨专业，而是专业化的持续提升。过去研发部经理懂技术就行，现在要求还要懂市场营销，懂得如何理解客户需求，能够为客户讲解清楚技术解决方案，帮助销售部门最后成交，但他不是专业做销售的，而是做技术销售的。过去生产部长懂生产管理就行了，现在要懂工艺优化，知道如何将图纸变成员工可以看懂和可操作的工艺图表，知道怎么操作效率更高、品质更好，他不是技术部长，也不是工艺部长，而是通过工艺优化来提高生产效率的专家。过去采购经理能找到供应商，会讨价还价，把材料买回来就行了，现在还要懂得合格供应商的评审，将供应商进行分级管理，还要懂得供应商的业务流程，对供应商实行有效的过程管控。过去人力资源部长懂招聘，把人招来就行了，现在还要懂心理学，因为许多员工不是学习能力问题，是心理和情绪问题，优秀的人力资源部长都会做人的心理和思想工作。过去质检部长懂得质量检验标准，做好检查和统计就行，现在还要能够组织各部门做好质量改进，完善质量标准，甚至要处理客户对质量的投诉。过去项目经理要懂得项目质量与进度管控，现在要懂得成本核算与人力资源管理，要具备一个小型公司总经理的基本素质。过去分公司总经理只要按照集团的要求做好就行了，现在要求分公司总经理还要自己学会观察市场发展趋势，作出重要的战略决策，通过产品和服务创新，给集团带来新突破……在企业中，岗位职责划分通常都是非常清楚的，除非身兼数职，很少会出现越界的情况，现在职业化的成长目标都是从低水平的专业向高水平的专业迈进。未来企业的人员规模将会越来越少，大部分简单重复的劳动会被智能设备所替代，同时对人的素质要求会越来越高，对人的专业化程度要求会越来越高，这是时代发展的必然。

有这样一个故事。一家企业价值几千万元的设备突然出现了故障，厂里的维修人员拿出全部的本领也检查不出问题，当然也没有修好。老板只好请了一位国外的工程师来进行诊断，这位工程师检查一番之后，用粉笔在机器的某个部位画了一个圈，告诉大家："问题就在这，你们把它拆开就解决了。"结果维修人员按照提示找到了问题的原因，维修之后机器又重新开动了。这位工程师的报酬是一万元，公司老板不太情愿，嫌太贵了，说能不能便宜点。这位工程师说："我用粉笔画一个圈，也就值一块钱，但是我能把这个圈画精准就值9999元，因为这是我几十年磨炼下来的专业能力，你们要为我的专业买单。"如果你足够专业，客户就会买单，企业就会聘用你；如果你不够专业，对方就不会买单，不会聘用你，而且如果你耽误了人家的宝贵时间和生产进度，你还要赔偿对方的损失。

大家都看过周星驰的电影《喜剧之王》，这部电影实际上就是周星驰职业生涯的真实写照。周星驰最初就是一个跑龙套的无名小辈，第一次拍戏时扮演一个牧师，镜头只有一个，女主角莫文蔚从天而降，连开数枪，众人应声倒下。周星驰的镜头就是一晃而过，动作也只有一个，就是中枪倒地。实拍的时候，所有的群众演员都中枪倒地了，突然有一个人晃晃悠悠站了起来，这个人就是周星驰，导演见状大吃一惊，问他怎么没有"死"呀？周星驰辩解说："我的角色设计是比较调皮的那种，所以我的潜台词是不想死、不容易死，你再多给我点时间，我就死定了。"

莫文蔚大怒，她大声责备周星驰："你知道一秒钟有多少个底片吗？"周星驰回答："有24个。"莫文蔚又问："那刚才枪战的镜头有多少秒？"周星驰回答："大概有一分钟。"莫文蔚又问："你知不知道因为你不想死，浪费了多少秒、多少个底片、多少钱，还有多少工作人员的时间和薪水呀？"周星驰无语。

周星驰经过一番思考后决心改过，立志成为专业演员。几天后，他扮演一个中刀倒下的小混混，莫文蔚一刀下去，周星驰应声倒下。戏拍完了，这时有一只蟑螂爬了出来，莫文蔚吓得大叫起来。蟑螂爬到了周星驰的身上，众人上去又拍又打，蟑螂没有找到，差点把周星驰打吐血了。莫文蔚问他为什么不躲开，周星驰说："导演还没喊停，既然我是一具死尸，当然是不能动了。"众人皆惊。莫文蔚对着身边的演员说："听见没有，只要没有喊停，就要继续演下去，这就是我经常跟你们说的专业。"

对于演员而言，专业不仅仅是指高超的演技，还要有认真的专业精神。这样的演员谁不愿意合作呢？所以莫文蔚对周星驰说："你，以后跟我开工。"周星驰欣喜若狂，因为他的专业终于得到了认可，他终于有了生存的保障，他终于走入了职业演员的行列，开始了自己喜爱的职业生涯。

一个人，只要你在职场上工作，只要你想生存和发展，专业能力与专业态度是底线，这是一种谋生的能力，也是受用一生的能力。作为员工要努力学习，勇于承受成长中的挫折与痛苦，拥有自己独特的专业能力；作为领导除了自身业务能力强之外，还要为员工提供终身就业的能力，能够训练出好员工就是领导专业能力的体现，我们称之为领导力。

你之所以有回报，是因为你有过硬的本领，别人愿意与你合作，是因为你的专业很棒。这是一个"为专业付费的时代"，而不是"为关系付费的时代"，人们之所以愿意聘用你，愿意与你合作，是因为你有让他们满意的专业能力，我们只为一流的专业付一流的费用，这就是真正的市场经济。

2.专业水平决定了结果，结果的价值决定了人生

职业生涯没有长短，只有高低，在任何一个职业领域，只有那些专业水准高的人，才会成就自己不平凡的人生。

运动员有很多，但是成为全国冠军的不多，成为世界冠军的更不多，退役后转行当教练成功的更是少之又少。在成功的教练当中，走向体育行业领导岗位的更是凤毛麟角，中国乒乓球队总教练刘国梁就是这样一个典

型代表。

刘国梁13岁入选国青队，15岁破格入选国家队，他是我国首位获得奥运会乒乓球男子单打冠军的运动员，是中国第一位在世乒赛、世界杯和奥运会上实现男单"大满贯"的选手，也是第一位在正式比赛中使用"直拍横打"技术并取得成功的运动员，所以我们可以说，在运动员的职业生涯当中，刘国梁走到了这个职业领域的最高峰。

27岁时，刘国梁正式退役并担任中国国家队男队主教练，10年后又担任中国国家队总教练，培养出了一大批继续称霸世界的乒乓球国手，同时又发展和提升了乒乓球技术，让中国始终保持世界乒坛的领先地位。刘国梁与众不同的地方，就是他有灵性，他特别善于研究技术，研究对手。刘国梁的挚友孔令辉曾经评价他说："他很有创意，很多人发现不了的问题，他都会说得很清楚。他平时就特别善于观察别人，也善于总结。不仅是对主力队员，对年轻队员他也都很了解，能把他们的特长、弱点说得很清楚。"

2017年12月，在国际乒联年终总决赛中，樊振东4∶0战胜德国的奥恰洛夫夺得男单冠军，一雪前耻，令很多球迷为之兴奋和高兴，国乒的世界霸主地位依然不可动摇。在比赛中，刘国梁用电话指导樊振东，并最终获得胜利。在现场情况瞬息万变的体育比赛中，能够通过电话指挥运动员，并取得世界冠军，这需要非常高超的教练技术。最后事实证明，刘国梁是担任国家队总教练的最佳人选，从此他走上了教练员职业生涯的最高峰。47岁的时候，他又成为中国乒乓球协会主席。

从职业的角度上讲，我们与刘国梁没有什么不同，都是一份工作和职业，但是我们能否像刘国梁一样长期钻研技术，而且根据不同职业阶段的需要，去提升自己的专业技术能力。当运动员的时候，他成为"直拍横打"技术的顶尖高手，当教练员的时候，他成为培养世界一流运动员的顶尖教练，我们也相信他走向行业管理岗位之后，也一样会成为优秀的领导者。

中国40多年的改革开放，改变了许多人的命运，许多农村的孩子通过高考，上了大学，掌握了一门专业技术，得以扎根在城市，成为了新一代的城市居民，有的甚至成为某个领域中的成功人士。在科技改变世界的新形势下，专业技术在不断创新，管理技术也在不断创新，我们又开始进入二次创业和二次学习的新阶段，谁掌握了新的专业技术和能力，谁就会走向职业生涯的新高峰，最终改变自己的命运。

二、专业的三个内涵和三个标准

什么是专业呢？仅仅是有专业知识吗？不是，专业包括专业知识、专业技能和专业态度，这是专业的三个内涵。

知识是专业的基础，学习知识的目的是"搞懂"；技能是专业的核心，掌握技能的目的是"会做"；态度是专业的境界，端正态度的目的是享受"快乐"。

从目前的就业市场来看，大学毕业的学生无论是学营销的，还是学艺术的，无论是学机械的，还是学软件的，很多人入职的工作与所学专业无关，许多毕业生选择的第一份工作大多是营销或者服务。主要原因有两个，一是营销好学，普通销售工作没有太高的技术含量，谁都可以做；二是营销岗位可以快速获得财富，是挣钱最快的职业。但是梦想成为现实了吗？多数人没有实现，最明显的表现是在所有岗位中，销售岗位是人员流动率最高的职位，能够快速适应营销岗位，并在短时间内做出业绩的人毕竟还是极少数。大多数人由于没有业绩而离职，这是什么原因呢？看似简单的营销业务，做起来其实是很难的，要做到专业化更需要相当长的过程。一个优秀的营销人员需要在行业内持续两三年全力付出，个别技术类行业可能需要的时间更长。专业的销售人员应当具备全面的产品知识、娴熟的销售技巧、过硬的心理素质、洞察人心的判断力和与人为善的高情商，还必须有从事销售工作，为客户带来价值的快乐精神。

销售职业是这样，所有的职业都是这样，都需要用专业的三个内涵来丰富自己，你才能成为真正的专业人士。

1.专业的三个内涵：知识、技能和态度，其中态度决定一切

（1）专业是知识，外行看热闹，内行看门道

获取知识有许多途径，比如儿时的玩耍、父母的教育、同伴的交流、课堂上的学习、自己看书、高人的指点、职场的经历、旅行的见识、实地参观等，都是我们知识的来源。但是人的一生是有限的，不可能什么都懂，走向职场之后，应当围绕着自己的专业去积累必要的知识。当专业知识积累到一定程度时，就会从量变上升到质变，这时候就出现了知识创新，这对于企业来讲是最为宝贵的资源，我们的许多发明创造都是知识创新的结果。

我们在河北有一家客户，是生产出口欧洲铸铁管的专业厂家，公司的产品非常受欢迎，但是由于资金、设备、场地等条件所限，曾经出现过产能严重不足的情况。公司高薪招聘来了四位大学生，都是学机械和自动化的，许多老员工因为大学生员工的工资高而心怀不满，还向老板抱怨。

经过一段时间的调研，大学生们提出了工艺优化的解决方案，主要是采取蜂窝式操作模式，一个人在最短的半径内，可以完成多个工序的操作，再加上一些小的技术改造，从而在空间、设备不变的条件下，提高了工作效率和实际产量。

当他们用电脑模拟出操作方案并展示给大家时，许多老员工都嗤之以鼻，认为这是纸上谈兵——我们都已经干了20年了，也没有突破产能的瓶颈，你们几个书生，画了几张图，就能解决我们的多年未解决的问题吗？

老板鼓励大学生动手进行改造，实践证明他们是成功的，突破了公司产量的最高纪录。在现场会上，老板对着那些老员工讲："我为什么要给这些大学生高工资？这是他们所学知识的投资回报，你们当年没钱读书也就算

了，现在公司出钱让你们学习，你们却不愿意学习，看到人家拿高工资还发牢骚，如果你们也能想出这样的好方案，我也照样给高工资。"一席话说得那些老员工们哑口无言。

老员工在公司的创立和发展过程中，立下了汗马功劳，没有他们的辛苦付出就没有公司的今天，但是时代在前进，社会在变化，新的工艺、新的技术、新的材料、新的生产模式层出不穷，如果不能及时更新自己的知识，还停留在以往的经验上，不思进取，甚至心怀不满，那么必将被这个时代所抛弃。老员工需要照顾，在薪酬待遇、社会保障和岗位安排上，要尽量给老员工安全感和获得感，但公司毕竟不是养老院，公司是以盈利为目的的商业组织，如果没有创新公司必将死亡，如果没有创造公司必将坐吃山空。到那个时候，公司都不存在了，你去跟谁攀比？

作为职业化的人，必须要不断丰富和更新自己的专业知识，并能够应用自己的知识去解决实际问题。一个人的薪水高低，与你的年龄没有关系，与你的经历没有关系，与你跟老板的关系没有关系，但是跟你的知识能否创造出价值有关系。

许多老板跟我说，如果当初知道做企业会这么难，他就不做了。我也会开玩笑地说："要么把企业卖了，真的不做了，要么就潜下心来好好学习，掌握企业的经营管理知识，领悟企业的成功之道，成为一名合格的企业家，没有其他路可以走。"其实之所以会提出这个问题，是因为现在的形势和环境发生了变化，过去做企业的经验不管用了，面对瞬息万变的市场、不断变化的客户需求、日新月异的技术创新，以及越来越大、越来越难管的公司，企业家内心产生了困惑、迷茫，再经过几次挫折和打击之后，内心又产生了恐惧，随之对经营管理好企业失去了信心。

为什么许多企业的管理成本高？就是因为外行管内行，而且这些外行比内行的职位要高，自己不懂装懂，还碍于面子不肯承认，对下属下达的命令指示都是荒谬的、错误的，这样的企业内耗之大，可想而知。企业要重用什么人？要重用有专业知识的人，如果缺乏专业知识，至少要有谦虚的态度和较强的学习能力，因为只有这些人才值得培养和重用。

我们有许多老板，特别是中小型民营企业家，要么是做技术出身的，要么是做营销出身的，对企业管理的系统知识知之甚少，什么战略管理、商业模式、人力资源管理、财务管理、运营管理、营销管理、企业文化建设……都懂的不多，或者只知其表，不懂其里，还自认为有眼光、有胆量、有魄力、有关系、有直觉就会成功，结果在规律面前被碰得头破血流，有的企业甚至因此而倒闭。

小企业要尽量避免多元化发展，要聚焦自己熟悉的专业领域，围绕客户价值做深做透，才有成功的可能。有的小企业有了一点积累之后，便四面出击，搞多元化经营，最后战线过长，导致资金断裂，走向了灭亡。对于科技企业而言，除非有大量的资金支持，否则就应当注重初级产品技术的市场转化，先有现金流作保证，再做后续的研发。有的科技公司执着于研发升级，而忽略了市场资金回笼，最后因为资金短缺，便宜地卖掉了专利，别人最后发了财，自己却一事无成。有的企业缺少现代管理体系，老板很辛苦，员工也很努力，但是努力不一定有结果，他们管理成本很高，最后结果又不好，先是江湖义气，后是金钱刺激，最后没有办法就盲目实行内部股份制……常言道，财散人聚，财聚人散，有的企业却是折腾一番，财散了，人没聚，这就是典型的缺乏管理能力造成的恶果，很多企业不是因为外部竞争而失败的，而是因为不懂管理把自己折腾死了。

知识有什么用？最大的用处就是能够帮助人们认清规律。认清规律的目的是什么？就是让人不迷茫、不恐慌。会者不难，难者不会，如果系统地学习了企业管理知识和科学的思维方式，遇到困难就可以正确地分析原因，找出解决问题的思路与方法。看清了规律，看清了道路，知道了如何才能办好企业，那就不会迷茫、不会恐惧，就会从容自信，少走弯路，成功的概率就会比别人高。

（2）专业是技能，公司业务是技能，公司管理是更高的技能

有知识不等于有技能，技能是通过知识的有效转换和应用，达到预想效果的一种能力。知识是"懂了"，能力是"会做"，而且是能够做出符合标准的结果。

企业效率低下、业绩不好、成长缓慢，关键都是人的问题。人的问题多半不是职业道德、思想品质和所谓的性格问题，而是能力问题。我们常说好心办不好事，或者好心办坏事，这些都是能力欠缺的表现。

一个本科毕业的小姑娘，应聘到国家电网上班，被分配到了技术含量最高的部门，周围都是博士、硕士，她拼尽全力也无法在技术上超越别人。不过不久她竟然在身边这群技术人员中脱颖而出，硬是刷出了"存在感"。她是怎么做到的呢？

在深圳卫视的《知识春晚》里，一个叫徐亚乐的小姑娘分享了自己在职场上的成长故事。她作为电力工程师，是本部门里技术最差的，为此也自卑了很久。她曾尝试努力，想从技术上缩短和同事的差距，但实在是太难了。不过她发现，他们行业有一本必备手册叫《电力安全规程》，里面都是枯燥的专业理论和术语，是专业人士读起来也头疼的一本书。于是她试着将每个知识点画成漫画，并分享给周围的同事们，大家都觉得生动有趣。渐渐地，她在工作上找到了"存在感"，并在全国行业质量大赛中获奖，还经常被各单位邀请做分享。凭借着将专业知识画成漫画的工作创新，她实现了职场上的弯道超车。

美国漫画家斯科特·亚当斯有一个著名的理论：如果你想成为一个出类拔萃的人，你有两个办法，一是把你的技能练到世界顶尖水平，成为前2%；二是同时拥有两种技能，就可以成为前25%，并且把它们结合起来。

我的技能到底是什么？如何在部门中找到自己的存在感？聚焦部门需求，聚焦客户需求，发挥自己的特长，创造性地开辟新的业务空间，是我们应当重点思考的职业发展方向。徐亚乐要想在技术水平上赶超那些"大伽"几乎不可能，但是她发现了他们的需求，就是那本难懂的《电力安全规程》，

然后把它变成生动易懂的漫画，这可以帮助部门提升工作效率，可以培训新人，而这个技能是那些"大伽"不具备的。

读懂《电力安全规程》，说明徐亚乐具备这方面的专业知识，能够把知识难点画成漫画，说明徐亚乐具备一种技能。每个人都是靠技能在职业上立足的，如果团队缺乏技能，是做不出好产品的。如果老板缺乏决策能力，高管缺乏领导能力，中层经理缺乏教练能力，员工缺乏操作能力，这样的公司怎么可能获得成功呢？企业发展得越快，这种能力欠缺的表现就越突出。

在企业中，能力高低，以做出的结果为标准，结果好坏，以是否满足客户要求为标准。工人的专业技能是把设备操作好，用最低的原料成本和能耗，在规定的时间内，生产出符合质量、数量标准的产品，这就是生产操作能力。饭店服务员的专业技能是快速、周到地为客户提供引领、点菜、清理、结账等一系列专业化服务，让客户满意，这就是客户服务能力。技术人员的专业技能是通过消化先进技术，结合自己企业的实际进行技术创新，研发出适合市场需求和适应公司生产条件的新产品，为公司创造更高的效益，这就是产品研发能力。财务人员能够通过预算、核算、财务分析和财务管控，帮助公司开源节流，为领导提供决策依据，这就是财务管理能力……这些都是业务岗位上的技能，专业人士首先要有自己的业务技能，这是我们在一家企业、一个行业的立身之本。

什么是专业，专业就是技能，是专门解决一种问题的特殊能力，包括学习的能力、实际操作的能力、利用资源的能力、发现问题的能力和解决问题的能力。

个人的专业能力很重要，这是公司专业水平的基础，但是团队合作的专业能力更重要，合作可以创造更大的效益。从这个意义上讲，所谓团队，就是由许多有专业能力的人组成的解决问题的一个群体；所谓公司，就是一群人用专业能力合作，不断创造利润的一个组织。

值得注意的是，长期以来，我们一谈到专业技能，大家都指向业务技能，而往往忽略了管理也是一种技能，而且是更高级的技能。因为业务技能主要是把自己的事做好，而管理技能是通过组织协调，让许多人把事做好。这中间有一个对人的管理问题，所以相对业务技能而言，管理技能的难度更大，所要求的专业水平更高。

比如，在一家企业中，技术人员很重要，高水平的技术人员对一家公司的技术创新与产品开发至关重要。但是技术人员数量多和技术人员水平高，不一定代表这家公司的技术能力强，有可能还会出现相反的结果，就是人越多可能效率越低，这是为什么呢？解决这个问题的关键在哪里呢？

如果没有有效的组织和管理，这些技术人员的技术观点不一致、目标不一致、步调不一致，就会各自为战，就会出现资源相互干扰或相互抵消，导致效率低下，研发速度变慢。解决这个问题的关键是需要有一位出色的技术部经理或者技术总监，他不一定精通某项技术，但是他必须知道要什么结果，达到什么目标，谁在哪个专业领域更强，研发方法与计划是什么。能够根据研发进展情况，合理安排人力、信息、设备等资源，依靠有效的技术研发管理体系，将个人的能力变成组织能力，变成公司想要的科研成果。从这个意义上讲，一家公司有什么样的技术部经理或者技术总监，就有什么样的技术水平和科研成果。

所以，技术尖子很重要，但是能够管理技术尖子的人更重要，管理技能是专业，领导力是最高水平的专业，因为管理是"管理技术的技术"。

（3）专业是态度，精益求精是专业精神的核心

有知识不一定有技能，有技能不一定是专业的，如果没有专业的态度，知识与技能一文不值，因为我们周围不缺少有专业知识与技能的人，而是缺少具有专业态度的人。人们只为技能一流、态度一流的专业人士付一流的费用，而为专业一流、态度三流的人付三流的费用。

什么是专业态度？专业态度就是对工作认真负责的心态和精益求精的精神，这是专业化境界的最高层次，极少有人可以达到。为什么？因为能力强

的人往往都比较傲慢，觉得自己比别人厉害，瞧不起那些能力比他低的人，与这些人合作不如自己干。其实真正的高人，能力很强，还有谦虚的心态，善于发现他人的长处，能够愉快地与他人合作，最后做成了自己一个人做不成的业绩，还把荣誉让给别人。能力强的人往往比较傲慢，这是人性的结构性矛盾，能够解决这个矛盾并自我内心和谐的人，一定是修炼过的高人。

我们有一家客户是生产空调的，他们的总工程师确实是技术"大咖"，在行业当中也非常有名，公司的许多科技创新和工艺变革，都是他操作实现的。在公司里他的工资最高、奖金最高，地位仅次于老板，时间长了就变得傲慢起来。有一次，生产部经理拿着新产品的工艺图来找他，询问他是否应当再审核一下，其中一些参数好像不对。这位总工程师一脸不屑地说："我做的东西怎么会有错呢？你再去核实一下。"生产部经理说："我来找你的目的，就是想请你到车间跟我们一起现场核实一下。"这位总工程师说："我现在忙着呢，等等再说。"生产部经理说："试产小组已经停了，操作不下去了。"总工程师一听来气了："怎么？停了怨我吗？我管生产吗？"总经理闻讯赶来，想调解一下，这位总工程师对总经理也不客气地说："你是领导，你看不出问题吗？他们是不懂，我说了他们也不懂，不会看图纸还说图纸有问题。"结果总经理只好和生产部经理到车间核实情况，最后的结论就是工艺图上有错误。

这位总工程师，技术是一流的，但工作态度却是三流的。再好的技术，如果没有专业的态度，专业化进程也只是走了一半。如果这位总工能够把生产部当成自己的客户，把生产部的意见当成自己改进工作的动力源泉，把能够与生产部到一线核实图纸当成自己技术服务的职责，把改进难题当成自我提升的机会，那才是真正意义上的专业人士。

为什么有些人专业知识很丰富，专业技能一流，但是一生没有多大成就呢？因为他们的态度出了问题。要么自命清高，不愿意与"俗人"合作，要么是自以为是，听不进别人的观点，要么是怀才不遇，孤芳自怜。真有专业能力的人，反而能够降低身段，与他人友好合作，认真听取各方意见，把

"三人行，必有我师"当成学习的信条，以谦虚的态度与他人合作，以自省的态度改进不足，以超越自我的态度追求完美，那么这个人的一生必有大成就。从这个意义上讲，态度决定一切。

2. 专业的三个标准：精、高、快

什么是专业的标准呢？用三个字来表达就是"精、高、快"。

"精"就是精致，精益求精，规范有序，凡事要做到极致，"精"追求的是让客户惊叹；

"高"就是高手，见解高、水平高、目标高、价值高，"高"追求的是让客户感到惊喜；

"快"就是速度快、效率高，干工作干净利落，"快"追求的是让客户感到惊奇。

港珠澳大桥全长55公里，是世界上最长的跨海大桥，其中岛隧工程的沉管段总长5664米，共分33个管节，每个标准管节长180米、宽37.95米、高11.4米，单节沉管重7.4万吨，最大沉放水深44米，被喻为"海底穿针"。工程采用节段式柔性管节结构，施工时采用8艘大马力全回转拖轮协同作业，配置深水无人沉放系统的国内首条安装船通过遥控等技术，调整管节姿态实现精确对接。在施工中，团队创造了"半个月内连续安装两节沉管""极限3毫米对接偏差"等多个纪录，数万吨沉管在海平面以下13米至44米不等的地方实现无人对接，被称之为最精准"深海之吻"。

7.4万吨级的庞然大物在44米水下实现毫米级无人对接，这本身就是极高的精度要求，体现了专业化的"精"字；采用沉管方案一是节省开支，二是保护生态，三是日常使用更加安全，所以价值很高，体现了专业化的"高"字；"半个月内连续安装两节沉管"，如期完成工程进度，体现了专业化的"快"字。

为什么国外把中国称为"基建狂魔"，因为中国人承包建设工程时，技术设备先进，价格收费合理，工期能有保障。在国际大型基建项目领域，无论是专业技术，还是专业设备和专业态度，一致公认的就是中国。

伴随着科技进步和人们生活水平的提高，现在的客户对我们的产品和服务要求精准、精致、精美。产品的标准不能有分毫的差错，服务的流程不能有任何的遗漏。从一台空调的安装，到一个操作系统的页面设计，从一台汽车门缝的宽度，到一张壁纸的粘贴，无一不要求"精益求精"，专业的人多半都有一种"鸡蛋里边挑骨头"的精神，而且对这种精神无比执着和痴迷。

不但要求"精"，客户还要求高，过去很多企业生产的是同质化、大批量的"大路货"，现在的要求是高品位、高性能、高颜值。过去吃饱就好，现在讲究有机营养；过去是通用就行，现在讲究手感要好；过去造型颜色单一，现在是"总有一款适合你"；过去是省钱图便宜，现在是花钱要享受。

在水平、难度都一样的情况下，专业上比的就是谁更快，我们经常形容高手干活干净利落，那什么是干净？就是精致和高超，活干得干净，不留痕迹；什么是利落？就是用最少的时间完成了结果，快速、果断、追求神速是专业高手的一致风格，这就是专业中的"快"。在同等规格、质量、价格条件下，客户当然选择交付最快的一方，因为人们已经从"买功能"到"买感受"，又到了"买时间"的消费阶段。时间就是金钱，时间就是最宝贵的资源。为什么快递比普通物流贵，还有那么多人选择，因为送货快；为什么菜品不便宜，还有那么多人选择，因为上菜快；为什么工程造价不便宜，还要与他们签约，因为他们进度快。"精、高、快"就是专业的三个内涵。如果我们各行各业都专业了，在专业对专业的挑剔中，我们的技术有了创新，我们的管理有了变革，我们的服务有了升级，我们的产品有了改进，我们流程有了优化，我们的团队有了进化，我们的公司有了成长，我们社会有了发展，所以说专业化让我们的经济社会得到了进步，让商业文明得到了成长！

三、如何成为专业选手？

1. 个体：锁定目标，专注重复，千百次地把事情做对，就是专业

作家格拉德威尔在《异类》一书中指出："人们眼中的天才之所以卓越非凡，并非其天资超人一等，而是付出了持续不断的努力。一万小时的锤炼是任何人从平凡变成世界级大师的必要条件。"他将此称为"一万小时定律"，也就是说，要成为某个领域的专家，需要一万小时，如果每天工作八个小时，一周工作五天，那么要成为一个领域的专家至少需要五年。

张瑞敏说："什么是不容易，把容易的事千百次做好就是不容易；什么是不简单，把简单的事千百次做对就是不简单。"一个人要练就一身本领，没有千百次的重复，是不可能成功的。

在科技日新月异飞速发展的今天，大数据、云计算、人工智能、互联网金融各种领域都展现出前所未有的发展空间，人们创业创新、发财致富的机

会比以往任何一个时代都多。但是另一方面，人们也开始变得比较浮躁，一夜暴富的传说让许多人内心产生了变化，一个专业没有做成功，就转向另一个专业，最后只能导致一事无成。人的生命是有限的，什么都尝试，什么都浅尝辄止，什么也没有做专做透，不断换公司，不断换职业，不断换专业，只能导致毫无积累，既无长进，也无升级，其实是在浪费生命。在一个专业化要求越来越高的今天，不能在某个领域深耕细作，掌握独特的本领，是很难在职场立足的。

任正非看好自己的一个下属，为了培养他，任正非亲自带他去日本考察，又安排他到物料部、财务部锻炼，给予了很大的希望。有一天，这个员工给任正非写了一份报告，说自己对集成电路的芯片设计感兴趣，想调过去。任正非直接做了一个批复：你愿意设计芯片，只要人家要你，你就可以去。我认为这种见一行、爱一行，是胡爱，跨度太大，脱离自己的客观实际。这世界很美，我什么都爱，什么都想做，这怎么可能呢？完成了真正的自我设计之后，你就要用设计好的目标严格要求自己、约束自己，使自己朝着目标走。

当然，凡事要因人而异，如果你是一个二十几岁的年轻人，你还有比别人更多的选择机会和尝试失败的资本。在这个过程当中，职业选择和专业定向可以进行调整变化，可以不断探索自己的职业方向，最终找到自己的兴趣与特长的结合点。如果你是一个三十几岁的人，还像孩子一样充满幻想，不能给自己一个固定的职业发展目标，那么你就可能会一事无成。到了一定的年龄，就没有更多的时间资源供你浪费了，这时就应当沉下心来，锁定目标，专注重复，在某个专业领域，不断进行探索和努力，成为行家里手。

20世纪60年代，疟原虫对奎宁类药物已经产生了抗药性，严重影响到治疗效果。青蒿素及其衍生物能迅速消灭人体内疟原虫，对恶性疟疾有很好的治疗效果。屠呦呦受中国典籍《肘后备急方》的启发，成功提取出青蒿素，这被誉为"拯救两亿人口"的发现。屠呦呦是第一位获得诺贝尔奖自然科学奖项的中国科学家、第一位获得诺贝尔生理学和医学奖的华人科学家，这是中国医学界迄今为止获得的最高奖项，也是中医药成果获得的最高奖项。从1972年她和她的团队成功提取到一种无色结晶体，命名为青蒿素，到2011年9月，因为发现青蒿素——一种用于治疗疟疾的药物，挽救了全球特别是发展中国家的数百万人的生命，获得拉斯克奖和葛兰素史克中国研发中心"生命科学杰出成就奖"，再到2015年10月，屠呦呦获得诺贝尔生理学和医学奖，她走过了43年的艰难历程。

屠呦呦有一句经典的名言，她说："我喜欢宁静，蒿叶一样的宁静。我追求淡泊，蒿花一样的淡泊。我向往正直，蒿茎一样的正直。"在这43年的艰难历程中，有过成功也有过失败，有过挫折也有过惊喜，有过动摇也有过坚定，有过诱惑也有过抗争，但是目标没有变，专业没有变，科学实验没有停止，最终大功告成。

现在有两种说法是最误人子弟的，一种是"兴趣说"，一种是"识务说"。所谓"兴趣说"就是人的成功是需要兴趣的，如果一个人对一项工作不感兴趣，他无法专注其中并最终获得成功。兴趣，的确是成功的一个重要因素，但是有两个问题要搞清楚，一是你的家庭条件是否能够支持你的兴趣，如果能够支持，你可以追逐你的兴趣，如果不可以，那么你先要解决生存问题；二是兴趣固然重要，但它不是最重要的，最重要的是专注，而不是兴趣，其实很多人的兴趣，都是在专注当中逐渐培养起来的。所谓"识务说"，就是识时务者为俊杰，这句话本身并没有错误，但是人们的理解会产生错误。如果把暂时的利益作为自己调整职业方向的标准，经常摇摆不定，这种抉择就是错的。如果把自己能做什么和社会发展的趋势结合起来，不断调整自身的能力结构，适应社会发展的需求，厚积而薄发，这种抉择就是对的。未来的发展趋势必将是这样的，一切低级的简单重复的能够被人工智能所替代的职业可能都会消失，或者需求锐减，但是创造性的、由思维方式决定的、需要独特技能的职业就不会被代替。比如随着翻译软件的出现，翻译的职业岗位可能就要逐渐减少甚至消失；随着自动收费系统的出现，柜台收银员的岗位就会减少甚至消失；随着智能设备的出现，简单重复的生产操作岗位就会消失……但是无论科技如何进步，都不能替代人类的创造力和想象力，翻译岗位可能会逐渐减少，但是开发翻译软件的职业会大有前途；柜台收银员可以消失，但是开发收费系统的职业会大有前途；简单重复的生产操作岗位会消失，但是开发和生产智能设备的岗位会大有前途。未来对劳动者的数量要求越来越低，但是对劳动者的素质要求会越来越高，能够看清这个趋势而不断调整自身能力结构，才真正是识时务者为俊杰。

没有人天生就是专业的，专业是锁定目标和专注重复的结果。所谓"专"就是专一、专注、专心、钻研，能够持之以恒，反复训练，才成就了自己的"业"。

2. 团队：教会徒弟，成就师傅；教会别人，成就自己

在一个团队中，有两种方法可以成就自己，一种是穷尽自己，教会别人；另一种是向他人学习，成长自己。

所谓穷尽自己，就是当你把自己掏干净之后，就会倒逼自己不断提升和进步。中国人的传统观念中最迂腐的一条就是"教会徒弟，饿死师傅"，许多职场上的人把保留技术和经验作为保护自己的一个手段，作为向公司讨价还价的砝码，结果公司、个人、团队都受到损失。其实这是落后的封建思想的残余，是典型的封闭思维与小农意识。在一个开放分享的时代，在一个团队致胜的时代，你不教别人，不等于别人就不能学到。在共享经济的社会中，有什么本领学不到呢？你不教，只能让别人学习的时间长一点，付出的代价多一点，但是绝对没有学不到的东西，这就是时代的潮流，也是事物发展的规律。谁违背了潮流与规律，落后与被淘汰的不是公司和同事，而是你自己，因为所有的公司都愿意重用能够训练团队的能人。要教会别人，自己必须要提高水平，许多困惑自己平时没有解开，但是可能在教会别人的过程中，自己会突然"顿悟"，说通了自己，破解了谜团，这才是教会别人、成就自己的秘密。

所以，要想成为强者中的强者，要想成为高手中的高手，不是抱着自己的所谓秘笈不放手，而是在传承中使自己变得更强大，变得更受人尊敬，变得更具有专业价值。新时代的公司中，能够培养人才的人才最珍贵，如果我们懂得了这个道理，就把自己的看家本领教给别人吧，这才是提高自己专业水平、实现自我突破的最佳途径。

我建议公司应当确立两项制度，一是把徒弟业绩的一部分，算做师傅的业绩，以鼓励师傅带徒弟，把师徒情固化为共赢机制，比如销售新人的业绩就可以有一部分算做销售经理的，以鼓励销售经理帮助新人增长业绩。二是新人再带新人，就是"出徒"之日，要举行一个谢师仪式，向师傅表示谢意，以鼓励更多的师傅去带徒弟。

所谓向他人学习，就是主动向比自己水平高的人请教，或者潜心揣摩高手的成功道理。阻碍一个人成功的心魔就是"自以为是"，觉得自己已经水平很高了，觉得自己已经达到了巅峰了，这种人的职业生涯也就到此为止了。三人行，必有我师，一个善于吸取别人成功经验的人，是非常有智慧的人，以谦卑之心向他人学习，才能够降低自己探索的成本，走一条成功的捷径。

有团队存在，就有内部的竞争，竞争不是我把你挤走，而是我向你学习，在互相学习和超越的过程中双方获得成功。团队的本质就是合作，一流的合作需要匹配一流的能力，我们常说"宁要狼一样的对手，不要猪一样的队友"，为了不让自己成为团队中的短板，为了不让自己落后，就必须迫使自己进步，让自己做得更好，这就是一群人在一起时产生的"竞合效应"。

我们曾经在一家公司做过一个管理实验，课题就是如何激发出每个员工的最大潜能，并且团队的整体能力达到最高。

这家公司是承担配电安装工程的专业公司，原来市场竞争对手不多，生意很好做，订单也很多，销售人员多是个体作战，采用直接拜访的方式去谈客户。由于市场竞争少，他们的产品与服务还不错，效益一直很好，所以他们就自认为是行业中的专业高手了，有些骄傲自满了，高昂的斗志与奋斗的精神变得淡漠了。

近年来，市场竞争突然激烈起来，他们的订单减少了，利润率下降了，许多原来稍微一用力就可以得到的订单，现在下了许多功夫还是搞不定，原来的许多经验与方法也不灵了，再让他们提高销售的专业水平也很难。老板曾经尝试从外面聘请"空降兵"，但是实践证明在企业文化与做事方式上与公司不相融，最终宣告失败。

一方面外聘不合适，另一方面现有人员能力有限，如何破解这个难题呢？我们在调查分析中找到了两个原因：

一是原来的销售方式是全能型的，就是从客户开源到最后成单，全是一个销售人员做下来，而现在客户对供应商的选择有很多专业要求，一个人的能力满足不了客户提出的所有需求，所以经常给客户一种不专业的印象，这样就会造成丢单。另一个原因是他们公司长时间处于安逸的环境中，突然遇到竞争激烈的情况，有些措手不及，原来的拼搏和奋斗精神消退了。

我们给出的核心策略是：

第一，既然不太可能在短期内提升销售能力，那么我们可以让每个销售员发挥其最擅长的方面，不再强调全能，而是突出专项，然后做优势互补的组合，用团队的方式去作战，以弥补个人能力的不足；第二，个体工作需要很高的自觉性，因为从人性的弱点上讲，在没有涉及个人利益的时候，人们往往对自己的要求都不会太严格，压力不会很大，所以我们让每个人加入销售利益共同体，让每个人的业绩都直接关联团队和个人收入。

问题找到了，策略清楚了，我们设计了一个方案，基本的内容是将销售流程分成三个节点，按照流程定义岗位与结果，结成若干个销售小组（见表1）。

表1　销售流程与人员组合

流程节点	岗位	任务	能力要求	结果	分配占比
1	业务代表	开源	搜索有效信息的能力，找到有需求的客户	每月10家	40%
2	大客户经理	跟单	客情维护与跟踪的能力，发展成高意向客户	每月2家	40%
3	销售总监	成单	提供最终解决方案与谈判的能力，推动订单成交	每月100万元	20%

我们同时进行了人员能力类型的测评，把销售人员分成"开源能力、跟单能力、成交能力"三种类型，在公司中组成三个销售小组，分管三个区域，这样团队内部立即出现了久违了的竞争气氛。

我们提出了两个口号，一个是"专业人做专业事"，号召大家钻研业务，另一个口号是"谁是最佳团队，用结果来说话"，营造内部竞争氛围。一段时间过后，团队作战方式让每个人的专业水平达到了最佳，同时三个小组的业绩也达到了最佳，整体之和大于个人相加，系统优势愈加明显。

当然，这个方案的实施还有一个没有公开的原因，就是我们必须建立一支不依赖于任何能人的队伍，人才形成梯队，客户资源实现共享，大家都在一个链条上，谁也离不开谁，谁都可以随时代替谁，在业绩提高的同时，我们完成了一次从能人体系向团队体系的变革。

什么是团队，团队最突出的特征就是相互学习、能力互换、共同成长。从这个意义上讲，教会别人和向别人学习是专业化修炼的两种表现形式。

3.公司：专业化公司成长最快，聚焦客户才能做到最好

什么样的公司容易成功？答案是专业化公司。所谓专业化公司，就是聚焦一个细分市场，聚焦一个专业领域，把自己的产品和服务做成某个领域的最佳品牌，并在这个基础上不断升级，使之成为客户的首选，这样的公司就是专注的公司、专业化公司，是成功概率最高的公司。

专业化并不是产品和服务的单一化，而是满足某类客户的某种独特需求，并通过设置技术门槛或者运用独特的商业模式，与其他竞争对手形成差异化。系列化产品要聚焦某种独特的客户需求，系列化服务项目也要聚焦某种独特的客户需求，满足客户独特的需求才是企业战略的导向。这一点，对于创业型公司、小微企业和成长型公司尤为重要。

我们有两家客户，开始从事的行业都是做钢结构建筑，但是他们最后的结局却不一样。一家企业从钢结构起家，在有了一定积累之后，转型去做房地产开发。在前几年房地产形势比较好的时候，确实赚了一些钱，企业也呈现出一段时期的欣欣向荣景象。但是随着房地产行业的调控升级，他们是小型房地产公司，由于信贷支持不足，开发规模过小，资金流动受阻，影响了业绩发展。接着，他们又成立了小型信贷公司，试图通过自主融资解决资金

流动性问题，但是由于不熟悉行业规则，造成贷款回收困难，加上原有资产难以变现，双重打击下最后负债累累，濒临倒闭。另一家公司也是从钢结构起家，但是他们从普通的钢结构建筑，转型升级到异型钢结构，为大型钢结构工程做核心部件配套。在有了一定积累之后，转而进军工业房地产开发和运营，并形成了工业园自有品牌。经过十几年的努力，公司已经从建筑开发领域进入了运营管理服务领域，从建筑商和开发商转型成为运营商，企业发展进入了良性循环阶段。

两家企业战略上的最大差异在于前一家企业没有在技术上做到专注和升级，而是选择多领域投资，试图通过多元化来分散企业的经营风险，结果事与愿违；后一家公司坚持技术升级和模式升级，在聚焦工业房地产客户需求的前提下，走了一条专业化的道路，最终形成了自有品牌和核心竞争力，企业发展前景看好。

中小企业由于技术、资金和人才等资源有限，不宜采取多元化战略，而应当走专业化道路，才能集中优势资源，聚焦客户的独特需求，在细分市场领域做到最好，再随着时间的积累形成自己的核心竞争力和品牌效应，这样成功概率才会更高。而大型企业则不然，他们有多元化投资的能力和管控运营的水平，可以走多元化的道路，以此构建产业生态链。

为什么许多企业经不住多元化的诱惑呢？深层次的原因是我们的内心经受不起诱惑，不淡定，无耐心，不专注，渴望快速成功，而忽略了自己的核心竞争力和比较优势。

企业最危险的时刻，并不是产业发展进入市场饱和期，也不是发展空间受到限制的时候，而是有了钱之后，盲目地认为可以通过购买技术、人才，甚至通过收购并购来实现企业的规模效应和可持续发展。在这个世界上，有些东西不是用金钱可以买到的，比如战略决策能力、运营管控能力，以及团队的核心价值观、使命感、专注精神和从容淡定的心态。

第三部分

商业交换
——职业人的信托责任

　　为什么有的人才华横溢，却总是感叹怀才不遇？为什么有的人一身本领，却在一个企业走不长远？为什么有的人能力超群，却一生没有多大成就？其实，这个道理非常简单，人有自然属性，也有商品属性，如果你的才华不是用来交换的话，人才永远是产品，而不是商品，你就没有任何职业价值。

　　商业的本质是交换，这种交换关系在人才供需关系中体现的就是雇佣关系、契约关系。如果你确实有一身本领，但是不能为企业尽职尽责，不能拿出你的业绩与企业进行交换，你再有本领也只能是摆设，不会有人承认你，不会有人愿意雇佣你，你的才华不会带来任何价值，对你来说似乎感觉良好，对企业来说没有任何意义。

　　有一家民营科技公司，高薪聘请了一位技术总监，希望他能为公司研发出新一代的高端产品，摆脱公司在低端竞争中的窘境。可是一年多过去了，公司投入了1000多万元，新产品依然没有上市，更谈不上创造更高的利润。主要原因是这位技术总监总是在追求"完美"，而这个完美是不存在的，市场总在变化，创新永无止境，企业毕竟不是纯粹的科研机构，我们的研发成果应当是成熟一代、上市一代，通过回笼资金再投入新一代的研发，形成研发与产出的良性循环。除非一家公司有足够的资金实力，可以做大量的基础性研究，然后形成革命性技术突破，从而一举垄断高端市场。否则，对于大多数中小公司而言，如果技术不能够快速变现，等待企业的只能是资金链断裂，或者以很便宜的价格变卖创新成果。

　　我们并不否认这位技术总监有很高的技术水平，但他并不是一个合格的职业人，因为他缺少商业思维，他的技术价值没有给公司带来预期的商业价值，还给公司造成了更大的损失，从而应验了那句话——美好的愿望，沉重的打击。

应当说，在我们的一些企业中不缺少有才华的人，而唯独缺少具备商业意识的人。什么是商业意识？就是时刻要考虑投入与产出，时刻要坚守价值交换，时刻要追求企业与个人共赢，其核心就是契约精神。

契约从哪里来？从信托责任来，从合作中一方的委托和另一方的承诺中来，就是雇主信任你，把责任托付给你，而你愿意承担责任并承诺完成。董事长是股东会委托的，总经理是董事会委托的，部门经理是总经理委托的，员工是部门经理委托的，这就是一种信托。对于这个责任，如果你做出了承诺，合作的契约就成立了，要想履行好这个责任就需要尽职尽责，用业绩和结果与委托人交换，而信守这个承诺的精神就是契约精神，这种精神的实质就是"拿人钱财，交换价值"。这就是职业化中的商业意识，具有商业交换意识的职业经理人才是真正意义上的职业人才。

一、职业从哪里来？

要把职业化中的商业讲清楚，我们首先回到问题的原点：职业从哪里来？

1.交换产生商业，商业产生职业

在自给自足的自然经济条件下，没有商业交换，也就没有所谓的职业，农民自己种粮自己吃，就不是职业农民，而是一个农夫。如果他把粮食拿到集市上换来了布匹，或者有人收购了他的粮食，有了商业交换，这才有了职业，他靠卖粮为生，他就是一个职业农民。

如果一个人迷恋京剧，天天去看戏，天天练嗓门儿，他也就是一个票友，但如果他靠演出挣钱谋生，他就是一位职业演员。如果一个人喜欢画画，画完了自己欣赏，他就是一个绘画爱好者，如果他出售自己的作品，并以此谋生，他就是职业画家。如果一个人有自己的职业，利用业余时间炒股，他就是一个业余股民，如果他辞职专门炒股，他就是一个职业股民。如果一个人是董事长兼总经理，这个总经理只是一个职务，不是一个职业，如果董事长外聘了一个人担任总经理，根据他的业绩支付工资和奖金，这个人就是职业总经理。

由此可见，职业的产生有一个必要条件，就是商业交换。受雇于人，是与雇主进行交换，服务客户，是与客户进行商业交换。在这些交换中获得收入，或者某种商业回报，并以此为生，那么我们所从事的这个交换活动就是一个职业产生的必要条件，从事这项工作就是一种职业。社会专业化分工让人们彼此进行商品交换，我们每个人在职场上都在靠交换为生，只不过交换的东西不同，我们的职业不同而已。

有职务，不一定有职业，职务是任命得来的，职业是交换得来的。如果一个人有一个职务，每天也在岗位上工作，但是不产生价值，或者交换不平等，本质上不能称之为从事一个职业。在今天的职场中，我们许多人没有意识到职务不等于职业这个简单的道理，出工不出力，出力不出活，出活不达标，这些都是不职业的表现。

有一家连锁餐饮公司，聘任了一位总经理，他上任之后，认为公司的部门职能不健全，希望董事长批准成立企划部，其主要职能是制定市场策略，实施品牌管理，策划促销活动，监督各店营销。但是董事长不同意，他认为公司现在才只有十几家店，规模太小，成立一个新的部门，人员成本过高，决策速度太慢，不需要成立企划部，总经理可以承担企划工作，为此这位总经理非常苦恼。

如何解决这个矛盾？如果从职业化的角度去思考问题，矛盾就会迎刃而解。我对这位总经理说："你是总经理，但这只是一个职务而不是一个职业，你的职业之所以存在，是因为董事长信任你，他希望你能够理解他的意图，执行他的决策，为股东带来预期的效益。如果你的思想与他不一致，他认为你不能够为股东带来预期的回报，这种信任就会产生危机，这个交易就会随时中断，你也将失去这个职务，你再有理想和抱负在这家公司恐怕也难以实现。"

这位总经理问我怎么办，我告诉他："可以提议成立企划部，但由总经理兼任企划部长，企划部暂时不雇佣员工，以保持公司有企划职能，开展正常的企划工作。但是要向董事长讲清楚，如果企划工作能够给公司带来新的业绩增长，这个收益远远高于企划人员成本的支出后，我们就应当招聘专业的企划人员。另外，如果店面数量增加，你的负担过重，影响到总经理全面管理职责的履行，希望董事长考虑增加企划人员。"他把这个方案提交给董事长之后，董事长欣然接受。后来的结果证明这个方案是对的，不到一年时间，企划工作卓有成效，公司新增了四家店，董事长同意公司招聘企划部经理和企划员，总经理回归全面管理，公司管理规范，业绩持续增长。

有一次在课堂上，我又见到了这位总经理，他非常感慨地说："我现在终于理解了什么是职能，什么是职务，什么是职业。部门职能不能少，少了公司管理会出现真空，职务只是名义，一个人做事情总要出师有名，而职业才具有真正的意义，通过商业价值的交换体现自己的人生价值。另外，我亲自操作企划工作有一个好处，就是有了专业经验之后再去组建团队，复制团队的速度会很快。"

我们之所以被称为职业人士，不是因为你有多么高的专业技能，而是这个专业技能能够为公司创造多大的收益。这就是产品与商品的不同，专业技能是产品，专业技能带来了收益，这个专业就变成了商品。产品只是库存，商品才是利润，股东们之所以聘用你，是因为你能够为股东创造价值，这才是你的职业存在的前提。

我们之所以被称之为职业人士，不是因为你有一个多么高的职务，而是利用这个职务去履行应尽的职责，为公司创造预期的效益，同时自己也得到预期的回报。当职务的名义和职业的价值相匹配的时候，这个职业才具有了真正的意义。

2.信任才有托付，承诺产生责任

古时候，由于交通不便利，掌柜出一趟门，少则十几天，多则几个月，于是就会把店面托付给伙计，让他管好店，管好钱。当掌柜千里迢迢回来时，伙计就会把账本拿出来，一一交代，账物相符，分毫不差。百年老店是怎么来的？一是产品服务和经营模式与时俱进，不断更迭换新；二是掌柜和伙计之间形成了一种相互信任的关系，我托付信任，我承诺责任，讲究的就是一个"信"字，这是我们中华民族的传统美德，世代相传，绵延不绝。

进入现代商业社会，这种信托关系依然没有改变。病人躺在手术台上，就是把生命托付给了医生；乘客登上飞机，就是把生命托付给了机组成员；人们把邮件给了快递员，就是把邮件的安全及时送达托付给了物流公司；客户签了合同、交了定金，就是把产品质量和及时交付托付给了供应商……商业需要交换，交换需要委托，委托就需要信任，这就是信托。

公司外部如此，公司内部也一样。董事会聘请总经理，就是把公司托付给了总经理，总经理把分管工作托付给了副总，副总把专业工作托付给部门经理，部门经理把专项工作托付给员工……聘任就是信任，信任就是托付，相互信任，互相负责，这才是正常的公司内部关系。

有信托，必须要有承诺，才能建立合作关系，才能实现对等交换，只有信托没有承诺，那就是剃头挑子一头热，合作关系就不存在，存在也是假象。

董事长聘任了总经理，总经理就要承诺董事长托付的责任，完成公司的销售指标、利润指标、产量指标、质量指标、安全指标、客户增长指标、团队建设指标、体系建设指标、公共关系指标等。如果总经理只承诺销售指标，而不承诺利润指标，只承诺产量指标，而不承诺质量指标，只承诺意向客户增长指标，不承诺实际成交客户指标，只承诺招聘完成数量指标，不承诺团队胜任率指标……这个信托责任就建立不起来。

总经理任命了技术部长，技术部长就应该承诺新产品研发创收指标、工艺降本提质指标、技术解决方案的客户认可指标、技术培训考核通过指标等，如果技术部长只承诺新产品的数量，不承诺市场收益的保障，只承诺工艺优化的数量，不承诺降本提质的效果，只承诺提供解决方案，不承诺客户的认可，只承诺技术培训的次数，不承诺受训人是否会应用，这个信托责任就建立不起来。

什么是承诺？承诺是保证履行好责任，并通过实际行动去履行这个责任，用业绩和结果去兑现自己的承诺。

当然，这个承诺是双方的，甚至是多方的。委托人不能只给信任，不给承诺，要承诺给受托人必要的资源和支持，包括授权、政策、资金、用人、利益分配、学习机会、社会关系等，这样就形成了我信任你，我托付你，我支持你，我承诺给你的所有资源都兑现，那么请你用结果和业绩来与我交换，这样信托责任就真正建立起来了。

社会能够和谐发展，需要委托人能够信任和托付，责任人能够受托并肩负责任，双方各自兑现承诺。公司能够和谐发展，需要股东对管理者的信任与托付，管理者能够受托并肩负责任，用业绩和结果说话，双方各自兑现承诺。

无论是老板、管理者，还是员工，如果你不愿意信任对方，也不愿意承担责任，或者没有兑现自己的承诺，就要坐下来谈清楚，谈好了继续愉快合作，谈不好可以痛快分手。在企业中最糟糕的状况就是信托责任谈不清楚，合作双方的承诺谈不清楚，或者谈清楚了，大家都不去兑现。然后含糊其辞，互相推诿，甚至相互抱怨，心情不愉快，这样的合作有什么意义呢？即便是我们用权力把这种情绪压下去，即便是我们用哥们义气暂时把这种矛盾掩盖过去，但是这些问题没有从根本上得到解决，迟早有一天会爆发。所以，还不如现在就谈清楚，或者测算清楚，如果确实有些不可预测的因素，也要谈清楚可能会出现几种情况，以及这几种情况出现后，我们共同认可的解决方案。

比如刚才那家连锁餐饮企业，由于店面数量的扩张，需要许多合格的店长，本着以内部培养为主的原则，他们在一个店里选拔了一位业绩优秀的店员来担任店长。当总经理和人力资源部长与这位店员谈话时，这位员工非常不自信，认为自己当好一个员工没问题，但要当一个店长，恐怕不能胜任，心里没有底，怕干不好。总经理和人力资源部长就给她三个承诺：指派一名老店长当她的辅导员，随时解答工作中的困惑；送她去学习店长管理课程，掌握店长的管理原则与方法；给她六个月的试用期，六个月之后再看是否达到店长的考核指标。当然他们也要求这位员工做出承诺，如果不达标就要毫无怨言地回来当员工，这位员工同意了。六个月之后，这位员工除了一项团队建设指标没有达成之外，其他指标都完成得很好，公司任命她为正式店长。这就是谈清楚的好处，对于一时谈不清楚的，可以制定好预案，最后的结果是双方都清楚了，然后轻装上阵，心无旁骛地撸起袖子加油干，这就是我们所提倡的平等、自愿、互利、共赢的合作关系。

我们反对的是什么？我们反对的是用江湖义气来代替价值交换关系。

有一次，一位老板向我们诉苦："为什么以前我一呼百应，一下指令就全体立即行动，现在喊破了嗓子也没有人理睬，就连跟了我好几年的副总也是这样，这些人表面答应了，背后却不行动。"我们在咨询调研中发现了其中的奥秘。

一位副总曾经很神秘地对他的下属说："你猜，我和老板啥关系？我们刚开始创业时就在一起，我们是无话不谈的铁哥们，他那时除了胆量，什么都没有。他现在是老板了，大伙都听他的，不过他的意见我不一定都完全赞同，在这家公司中只有我敢跟他叫板，而且他也不能把我怎么样！"说完了这些，这位副总一副特别得意的样子，但下属的脸上却是惊愕、迷惘。

我们反对这种不职业化的心态，不管你与老板是什么关系，哥们也好，朋友也好，不管老板过去的水平有多差，现在的缺点有多少，也不能改变一种最本质的关系——他是老板，你是员工，你们之间就是合作关系、契约关系。老板为副总提供工作的资源与条件，副总以分管工作的业绩向老板交换报酬，在这个基础上，才能发展成为事业上的伙伴。即使这位副总是股东，股东之间也是一种契约关系，共同出资，共担风险，共享利益。

当我们放弃责任的时候，公司中的商业交换关系就不存在了，结果只有两个：要么重新拾起责任，履行职责，要么放弃责任，解除契约，最没有职业道德的表现就是"心中早已放弃了责任，行为上还享受着权利"。

老板与员工本来就是互相依存、交换价值、共同成长的关系，彼此之间都肩负着为对方提供价值的责任，这就是我们最希望看到的团队内部的商业交换意识。

二、职业化的核心价值观是契约精神

1.契约精神是职业化的核心

一方托付，一方接受，就形成了一种契约，能够自觉地信守诺言、遵守规则，履行契约的思想意识就是契约精神。

公司的契约关系分为两种，一种是外部契约关系，一种是内部契约关系。

外部契约关系非常好理解，我们与客户签订的合同或者订单就是契约，我们做不到就要承担违约责任，如果我们做到了，客户就必须履行付款义务。如果在履约的过程中出现了争议，双方应当平等协商解决，如果协商不成，可以走法律程序。总之，商业活动之所以能够正常开展，是因为人们遵守相互达成的契约，诚实守信就是契约精神的表现。

公司内部契约不是以合同或订单的形式来表现的，而是以我们共同认可的制度、规则、流程、计划、行动方案等管理文件的形式表现出来的。我们现在特别强调，当一个新员工入职的时候，人力资源部门就应当请他认真阅读《公司员工手册》或重要的规章制度，包括作息考勤制度、薪酬绩效与福利制度、合同管理制度、财务管理制度、安全管理制度、保密制度、职业道德规范等。如果认同这些制度规定，那么就要签字确认，并注明"我已经认真阅读上述规章制度，同意并承诺遵守"，然后再签订《劳动合同》，这个行为才视为与公司达成了契约。如果不认同可以讨论，达成一致后再办理入职或者转正手续；如果不能达成一致，可以不合作、不录用、不转正。

有些公司为什么管理混乱，就是不按规章制度办事，不按契约精神办事，而是按权力办事，依人情办事，看情绪办事。当员工完成了业绩或者达到了工作标准的时候，老板按照薪酬制度给员工按时发放工资，不按时发工资就是违约。当员工没有完成工作业绩，或者没有达到工作标准时，就要接受制度约定的处罚。有一家公司，由于老板判断失误，承诺给销售人员业绩提成，销售人员也同意考核规则，结果员工完成得非常出色，远远超出了业绩指标，老板就有些后悔了，认为奖金发得太多了，不给员工兑现奖金，这就是违约。正确的做法是先兑现了再说，然后再坐下来，借助事实和依据，按照互利共赢的原则来共同商定奖金的分配规则，如果双方同意，下一阶段就按新的规则分配奖金，但之前的事情不能说了不算。

大多数成长型公司，规章制度没有那么健全，但是这不妨碍一边实践一边完善。在契约关系的建立方面，不能走两个极端。一是没有规章制度，最后老板说了算，二是有了制度就丝毫不变，不按照新的形势要求调整制度。如果对于新制度的实施效果一时判断不准，我们可以先试行一段时间，有一个调整和过渡的阶段，通过事实和数据来验证和判断制度是否合理、可行，最后大家认可了，再正式实施。就拿薪酬绩效考核制度来说，许多企业犹豫不决，当旧的制度不适用了，新制度制定了又不敢颁布，担心话说出去了收不回来。这时我们就应该采取试行的方式来解决这个问题，合理的地方坚持，不合理的地方大家讨论，最后达成一致。如果新制度能够打破"大锅饭"，提高业绩优秀和工作达标员工的收入，同时能够降低那些不达标员工的收入，这个制度就是好制度；如果还能够给那些一时未能达标，但是勤奋努力的员工以改正和提高的机会，给予他们帮助和支持，那就是更好的制度。

现在社会上有两种错误的观点。一种认为老板是弱势群体，员工可以随时炒掉老板，员工完不成业绩时，老板也必须要给员工发工资，现在都是老板求着员工干活。另一种认为员工是弱势群体，胳膊拧不动大腿，发多少工资由老板说了算。其实这两种观点都是错误的，都是片面放大了某些问题。和谐的企业，首先必须以国家的法律法规为前提，制定公司的用工制度和利益分配制度，任何违反国家法律法规的制度都是无效的。在这个基础上，老板与员工要通过平等协商建立利益分配机制，而且双方的人格是平等的，地位也是平等的，契约一定是在公平自愿和真实表达的前提下才有效力。公司内部的合作不存在谁求谁，也不存在谁强迫谁，更谈不上谁是弱势群体，公司就是公司，合作就是合作，契约就是契约。信守承诺，愉快合作，共享财富与成就，共同为客户创造价值，为社会做贡献，这才是最正常的公司内部关系和相互合作的目的，不要把简单的问题复杂化。

2.心理契约是职业化的最高形式

正像我们上面说到的那样，公司的制度不可能十全十美，公司的监督检查也不可能覆盖所有的角落，对于有些个别行为的约束可能没有明确的规定，或者在平时管理中是很难发现和控制的，此时靠什么来维系我们正常的合作关系呢？答案就是靠我们的心理契约，也就是信守职业道德，保持职业良心，这是一种善良的默契。

一家生产成套设备的公司派出安装小组，为客户进行售后安装和设备调试，合同约定七天达到验收标准。第三天的时候，客户给总经理打电话，抱怨说："你们的工作效率太低了，七天不可能完成啊。"总经理联系了安装小组的组长，询问现场是什么情况。组长说："客户没有按照协议的要求给我们提供安装调试的现场条件，我们到这里后用了两天时间整理现场，现在才达到了安装条件，所以七天肯定不能完成，估计要用10天的时间。"按照与客户的协议，每延期一天都有违约金，而且按照内部考核规定，项目出现延期后，员工要扣发奖金，组长和老板对这个事情的后果都是心知肚明的。但是他们分头默默地做好了各自的工作，组长对员工说："如果不能按期完成这个项目，我们就会被扣奖金，但是这个项目对公司非常重要，必须要完成，希望大家不要带着情绪去工作。我会专门反映情况，争取不扣大家的奖金，如果公司真的要扣奖金，由我个人来承担，现在当务之急是把设备安装好，争取一次性试车成功。"组长一番话，让员工焦虑的情绪得以平静下来。老板也做了两件事，一是给客户打电话，说明了现场情况，要求他们延长三天工期；

二是告诉项目总监，这个小组可能会出现延期，但主要原因不在我们，如果10天能够完成，奖金就要照发不误。最后的结果是项目在10天内圆满完成了，客户很满意也没有提延期的事情，公司也如数发放了奖金。在项目总结会上，老板、项目总监和安装组长都很感慨，他们说："当时，我们没有时间做过多的解释，更没有在内部讨价还价，我们团队的每个人都知道什么是最重要的。没有客户的持续订单和口碑，我们将一无所有；没有员工的信任和追随，公司什么都干不成；没有公司整体的利益，员工将失去合作的平台。我们都做了最坏的打算，也都往最好的方向努力，我们像事先商量好了一样，各自心照不宣，各自做好本职工作，这就是最宝贵的心理默契。"

这就是心理契约，在制度规定和合同之外，总会出现一些意外情况、预想不到的情况，这时我们靠什么来决策和执行？靠的就是善良的心、互利的心、为对方着想的心。当我们都有了这颗心，我们就会很默契，就会形成心理契约。

3. 契约精神的特征是自觉、负责和公平

首先，契约精神表现为自觉。不用别人盯着，不用别人督促，不在意是否有人检查，按照规则要求自觉去做、主动去做，尽量不给对方添麻烦，尽量把合作成本降低，尽量提高合作效率，然后创造一种互相尊重和快乐工作的合作氛围，为股东和自己创造更大的商业回报。

上班不要迟到，不要让主管经常提醒你；给客户的文件要检查三遍，不要让经理叮嘱你；把货物放到指定位置，不要让库管再搬运一次；下班前把设备清理干净，不要让班长回头帮你收拾；给顾客送收据要双手递过去，不要让领班在旁边提醒你；给客户的样品要事先做好标签，不要让客户总是问你产品型号……心中有契约，行为就主动，心中有他人，工作就细致，心中有客户，合作就顺利，这是一种时常的自我提醒模式，提醒自己契约在身，不能怠慢。

如何提高团队主动和自觉的意识呢？在我们职业化刚刚启蒙的今天，我们应当首先从察觉和纠正"不自觉的现象"开始，将这些现象归结出来，然后一项一项地消除它。

在公司中，不自觉的行为主要有三种表现：

懈怠，不能自我觉醒。我们经常说某些人工作时不在状态，什么是不在状态呢？就是每天上班像梦游一般，精力不能集中在工作上，工作效率低下，对待工作非常懈怠。你问他一句话，向他要一件东西，他半天才能回过神儿来。是吗？什么？是在叫我吗？有这回事吗？他们经常这样回答问题，然后好像突然清楚了，赶紧行动起来，其实还是迷迷糊糊地做事，过一会又回到了梦游状态。你需要经常叮嘱他们应当做什么，不应当做什么，事先应当想什么，事中应当注意什么，事后应当完善什么，他们从来不会主动去想，也不会主动去做。如果没有别人在旁边监督检查，他们不会主动做事。这些人的主要问题是他们没有意识到自己在一家公司工作，公司花钱买了他们的时间，他们从来没有认为工作时间也是成本，而是能混就混，肆意挥霍时间成本和自己的生命，还浪费别人的时间。

自私，不能自我约束。主要表现是挑战规则，谋取私利。公司有公司的规则，规则体现着公理，但是总会有人不自觉，为了自己的私利而挑战公司的规章制度，挑战公理和价值观念。公司规定进出工厂大门必须佩戴胸卡，但有的人就是不戴，还要强行通过，对保安严格执法还骂骂咧咧；一个管理者在公司工作，公司已经给予了相应的报酬，但是有的管理者还在公司交易规则之外，图谋自己的私利；公司有明确的保密规定和同业禁止规定，有的人却视公司利益于不顾，盗窃公司的商业机密与竞争对手做生意，损害公司的利益。在这些人心目中，职业操守是说给别人听的戏文，公司的规则是约束别人的条文，为了自己的私利，可以随便撕毁与公司的契约，然后还嘲笑那些遵守制度的人不懂得社会上的"潜规则"。

自大，不能自我觉察。过高地估计自己，本身没有那么高的水平和能力，却偏偏要追求不切实际的目标，如果达不到目标，又马上从自大变成自暴自弃，情绪会一落千丈。跟同事沟通都有困难，却想当一名培训师；一张简单的图纸都画不好，却想当技术总监；小组里边两个人都管不好，却想当大区经理；在公司里没有做过什么突出的贡献，却想当公司的股东。这种人总会提出自己不切实际的幻想，如果没有人支持他，他就会觉得团队对他没有关爱。我们需要经常做他的思想工作，告诉他要认清自己的优势与劣势，脚踏实地地做好眼前的每一件事，通过不断的自我积累和提高，最后一步一步达成目标，与他沟通的成本非常高。

其次，契约精神表现为负责。既然你愿意到这家公司工作，就等于承认了彼此的契约关系，那么就应当负起责任来。为谁负责？就是为客户、为公司、为团队负责，最后也是为自己负责，明确自己的责任，敢于担负责任，尽到自己的责任，无论遇到什么困难，不达目的决不罢休。如果出了错误，更要主动承担责任，承担改过的责任。

我们的下属出现重大错误，中层经理是不是要对团队成长负责？我们的产品和服务受到客户的投诉，技术、生产、销售等相关部门是不是要对客户负责？公司的业绩指标没有完成，总经理和经营班子是不是要对董事会负责？没有制定明确的战略，没有培养和选拔出优秀的总经理，董事会是不是要对股东负责？这就是责任链条，公司的正常运作是依靠责任链条的价值传递来实现的。

从生态学的观点看，公司本身就是一个生态圈，以为客户创造价值为生存目标，以每个岗位的尽职尽责为生存条件，维系我们生存与发展的就是岗位之间的责任链条。如果一个责任环节脱节了，这个生态圈就会受到破坏，而共同维护这个生态圈良性发展的核心就是尽到自己的责任。一个团队能够信守承诺，遵守共同认可的规则，这就是契约精神。

最后，契约精神表现为公平。商业追求的是利益，对付出与回报是否满意的评价就是人们追求的公平感。如果你认为自己的付出没有得到应有的回报，就会感到不公平，如果你认为自己得到了应有的回报，就会感到公平，甚至受到激励和鼓舞。界定公平的依据是社会标准，以及社会标准反映在企业中的聘用合同、绩效考核制度、分配制度、岗位职责说明书等契约形式，这些约定与制度就是调节公司与员工利益的规范，是企业中的法，契约就是认可规范后双方平等自愿达成的。

有一家广告公司月底做绩效考核时，销售一部的一位销售员有三万元的业绩提成，营销总监感到很吃惊。经过调查发现，这位业务员的确实现了一个大客户成交，按照公司的绩效规则应当有三万元提成，但是这个大客户不是业务员独自开发出来的，是公司总经理拜访了这家客户后，客户才决定与公司签约。根据公司业务的属地原则，这家客户的所在地正好由这个业务员负责，业务员只不过做了一些过程跟踪和流转合作协议等事务性工作。换句话说，这笔大生意不是业务员从头到尾完成的，起关键性作用的是总经理。那到底该不该发这笔三万元的提成呢？公司上下开始了热烈讨论，一种观点认为谁最后成交，业绩就是谁的，业务员应当得到这三万元，不给不公平；另一种观点认为提成的依据是付出，这笔生意不是业务员谈的，完全算为业务员的功劳也是不公平的。

经过讨论，大家最后形成了统一意见，制度不是完美的，执行制度首先要理解制度的本意，制度的本意是付出与回报要公平，提成是业务员独立开发客户，并实现最后成交才能获得的报酬。如果在开发客户的过程中，业务员所做的都是事务性工作，而不是开拓性工作，那这笔提成就不能给。否则对那些独立自主、努力奋斗的员工就是不公平，而且公司还会形成一种风气——依赖领导去成交的风气，这对于员工的成长不利。如果业务员后期维护工作做得好，这个大客户达成了二次订单，这就是业务员后续付出的成果，是全新的成交，应当给予全额提成。

应当说，没有一家公司的绩效考核制度是完美无缺的，都是在变化中逐步完善的，我们许多企业在做业绩考核时，不是用契约精神维护公平原则，而是互相算计对方的奖金，要么是老板说了不算，克扣员工应得的利益，要么是员工一味强调自己的利益，不管公司是否赚钱。遇到特殊问题以后不是开放讨论，而是机械理解，或者暗中较劲，最后不会双赢，只能双输。因此，解决此类问题的原则就是用契约精神衡量得失，用制度固化下来。

这个世界上，有绝对的公平吗？没有，公平都是相对的，而且一时的不公平，不代表一世的不公平。如果我们把心思都放在眼前的利益上，而不考虑长远的利益，我们就会陷入无休无止的利益纷争之中。只有放平自己的心态，从容地看待自己的得失，把长远利益作为自己的追求，我们的团队才能够和谐共赢。

三、如何树立契约精神？

1.在观念上，要像商人一样经营自己，先付出，后索取

我经常问员工，我们是不是商人？有人说老板才是商人，员工都是打工的。那么打工本身是不是做生意？答案是肯定的。公司给我们创造了工作条件，提供了资源，我们利用这些条件和资源从事经营业务，为公司创造价值，自己得到回报，这本身就是在做生意。公司给销售员产品和政策，划分了固定区域，那么销售员与客户成交就是自我经营；公司给工人提供设备、原料、工艺标准和生产计划，那么操作工人生产产品，换取计件工资，这就是自我经营；公司与客户签订了项目合约，把项目交给了项目经理，项目经理最后如期交付项目，收回尾款并获得奖金，这也是自我经营；公司把财务账本交给了会计，会计做好核算，为公司决策提供依据，换取工资与奖金，这就是自我经营；公司把前台给了文员，接待好客户，传达好文件，做好考勤登记，然后领到薪水和福利，这就是自我经营。我们在投入，我们也在产出，我们是在经营自己，经营自己的生意，经营自己的人生，从这个意义上

讲，无论是老板还是员工，本质上都是商人。

什么是好的商人呢？就是能够给公司持续提供职业价值，并获得满意回报的人。在公司中，作为商人的员工，他与公司有商业契约，这个契约表面上只是填写了一个聘用职位，但是背后达成的协议却是对职业价值的购买。如果你提供的价值不对，或提供的价值未达到标准时，这个契约的权利义务关系就被打破了，这笔生意就会终止。其结果不是老板辞了员工，就是员工炒了老板。

如何让自己的人生效益最大化，这是人生经济学要回答的问题，交换依然是人生经济学的主题，没有交换就没有所得，没有公平交换，这个所得不会长久，要想获得长久的交换，就不要做一锤子买卖，打开经营人生的金钥匙就是"像商人一样先付出，后索取"。

我应当得到什么，这是我要的结果，如果我们在交换中首先强调我能得到什么，这笔买卖多半谈不成；如果我们先强调付出什么，先让对方得到结果，然后再谈生意，这笔买卖就有极大的成交可能，这就是契约精神在商业交往中的具体体现。

有一家日本公司是在全球某个商业领域的领先公司，其中国分公司成立的时候，出任总经理的是一位精干的职业女性，现在她领导的中国公司是日本总部在全球分支中效益最好的一家。由于管理突出和业绩优异，多次受到总部的嘉奖，她是一位非常成功的经理人。

那么，这位女士一路走来是如何成为一名成功经理人的呢？她给我们讲了两次应聘的故事。当年，她从日本某著名大学以优异的成绩毕业后，去丰田汽车公司应聘，面试官看到她的优异成绩，又觉得她所学的技术和专业正是公司需要的，非常兴奋，很快就决定录用她，并且签订了聘用合同。

当这位女士高高兴兴地走在回家的路上，有一个意外发生了，面试官打来电话，客气地解释说刚才由于太兴奋了，自己说出的薪酬有些过高，现在有些后悔，想与这位女士商量商量，能不能降低20%。这位女士一听就十分生气，她当时心里想：我拿着这份聘用合同完全可以去告他们，而且肯定能赢。但是她很快冷静下来，回复面试官说："可以降低20%，但是有一个条件，如果我在前三个月表现优秀的话，你们必须恢复我们商定的工资。"面试官答应了，这位女士就这样开始了自己的第一份工作。没想到，还不到三个月她就以自己过硬的专业本领和敬业的精神，受到公司的赞许，薪酬恢复到最初商定的标准，并且在丰田一干就是五年，成为当时日本大企业中为数不多的中国高管。

为了进一步发挥自己的专业特长，这位女士结束了在丰田公司的职业生涯，开始寻求新的职业发展，她特别希望能够到当时技术对口的这家公司工作，经过面试又一次被快速录用了，但是戏剧性的一幕又出现了，面试官同样后悔给了高工资。这次她已经很有经验了，又一次对面试官说："我先干三个月，如果你们认为我是优秀的，就再恢复商定的工资标准。"结果她又一次用实际行动证明了自己，并且一干就是八年，当这家日本公司决定在中国投资的时候，她成为中国公司总经理的第一人选，所以才有了今天的成就。

我们问过这位总经理："当时丰田面试官反悔，你为什么还答应？"她说得很坚决："我要先付出，让他们知道我有多好，如果我坚持不降低薪酬，恐怕我连表现的机会都没有了。后来，我总结了自己的职业经验，其实就只有一条——先付出，后索取。开始时，你给什么条件无所谓，但如果你看到我是最好的，请给我最好的回报。"

这就是做生意，这就是经营自己的人生，先付出，后索取，这与我们平时看到的商人没有什么不同。你要买衣服吗？请您先试穿一下，买不买没有关系；您要买这种饮料吗，您先尝尝，好喝您再买；这款车是新上市的，您认为适合自己吗？不要紧，您先试驾一下；你觉得这幢别墅怎么样？如果拿不准主意，请您先住几天，感觉满意了，我们再谈价钱……

现在许多人开口就是我是谁，我有什么能耐，然后就是你要给我多少钱，给我什么职位，给我什么待遇，给我什么条件。很多人希望一步成功，希望一步到位，希望自己先拿到实惠，但是多数企业的回答是——你要证明给我们看，你到底有什么本事，然后再谈待遇，或者我们这里有绩效考核制度，按照制度来，如果你确实优秀，你的要求就会实现。如果你一味地坚持要先满足自己的条件，这种谈判多半会不欢而散。虽然从理论上讲，应聘与招聘是双向选择，但是现实中企业不会因为少了一个人才而受到影响，但你可能会因为错过一次机会而耽误了职业人生。这个世界上决定交易的，不是卖家，而是买家，不是雇员，而是雇主，市场经济的最大特点就是供需关系决定价格，而不是"我"主观决定我的价格，除非你是无法代替、独一无二的人才，但遗憾的是多数人不是这种人才。

公司是赢利性组织，赢利的原理是三方交易，创造价值，各取所需，这三方是员工、客户、股东，员工提供产品和服务与客户交换，客户把费用交给股东，股东与员工进行二次分配，同时留下利润投入再生产。因此，公司其实就是一个商业交换的平台，在这个平台上，员工也是商人，一边是客户，一边是自己，股东的角色实际上是平台提供者，并与客户和员工商定交易规则，保证交易的公平性。从这个意义上讲，我们的薪水不是老板发的，是客户发的，报酬最终由客户决定，服务好客户，就是经营好自己，给客户打工就是给自己打工。契约精神从经营自己开始，经营自己从先付出开始，这才是商人的思维、职业的思维。

2. 在行为上："拿人钱财，替人消灾"

"拿人钱财，替人消灾"，看似一句非常江湖的话，但细心揣摩，我们会领悟到这才是最职业化的行为。职业化不是一句口号，也不是一个表态，而是一种行动，通过这个行动带来交换的结果。

在公司中，我们拿的是谁的钱？当然是客户的钱，是股东的钱，所以理所当然的，应该为客户"消灾"，为股东"消灾"。出工不出力，出力不出活，出活不是好结果，这都是不职业化的行为。

我们曾经在一家科技公司做调研，公司的总经理对人力资源部的工作很不满意，原定某天应当来15名通知面试的技术员，可是只到了三位，而且这类问题已经出现了好几次。总经理问人力资源总监是谁通知的，总监说是人事专员小刘通知的，总经理把小刘也叫过来，问他是怎么通知的，为什么预定15个人，最后只来了三个人？小刘说昨天下午全都电话通知了，一个都没遗漏，对方也都答应了，他也不知道应聘者为什么不来。说完这些小刘还一脸委屈和无奈，嘴一撇，头一低，不说话了。

我说："这样吧，已经来的三个人由总监负责面试，我们跟小刘回办公室，研究一下面试人员少到的原因。"到办公室以后，我们请小刘拿出两份新的初审通过的应聘者简历，然后请他打电话通知面试，并且我们要求小刘：以前怎么打电话，现在还怎么打。

小刘拿起电话说："喂，是张先生吗，我们是××公司，您的应聘简历我们收到了，请您明天上午9点来我们公司面试。"对方问了一下公司名称和地址，然后就答应来面试了。小刘把电话一放说："我平时就是这样打电话的，结果总是通知了很多人，但是来面试的很少，我也不知道为什么。现在的人说话真不靠谱，特别是刚毕业的大学生，他们可以随便答应，也可以随便不来，真是没办法啊。"

我们听了电话通知之后，就马上知道面试人员少到的原因了。于是，我请一位老师做了一个示范，我们的老师这样打电话："您好，请问是赵先生吗？我是××公司的人力资源专员，我姓×，很高兴与您通话，您现在还在应聘吗？好的，我很高兴地通知您，您在××网上发布的简历已经通过了我公司的初审，我们邀请您来公司面试，您看可以吗？您是否在北京？那么好，我们的面试有两个时间，您看是明天上午9点方便，还是后天上午9点方便……好的，那我们就定明天上午9点。我公司的地址是××××，公交车××站，就在××旁边，您手机上显示的号码是我的办公电话，如果您有特殊情况来不了，请一定提前给我打电话，我好另行安排时间。另外，请您特别注意的是，来面试时一定要带上您的毕业证、身份证原件。如果您忘记带了，不好意思我们会谢绝面试的，这方面您没有问题吧？那么好，稍后我会把公司名称、地址和面试时间发到您的手机上，请您查收。欢迎您来面试，我们明天再见。"

我们当场设计了一个短信：您好，我公司地址是×××，面试时间是×日9点，带好毕业证、身份证原件，期待相见，××公司人力专员××。随后发给了应聘者。

我们一连打了九个通知面试的电话，发了九条短信，最后四个是让小刘自己打的，我们说明天再看效果。结果第二天，九个人当中只有一个人没有来，他还专门打电话表示歉意，说自己已经找到工作了。

这件事过后，我们开了一个分享会，主题是"上班的心态与我们的结果"，就打电话通知面试这个事谈谈自己的感想。

我们首先就事论事，请大家站在应聘者的角度去思考，为什么他们会不来参加面试？大家一起查找原因，最后总结了三条：

（1）他们每天接到的面试通知很多，内容基本都差不多，我们的面试通知没有新意，没有引起他们的重视。

（2）他们可能电话一放，就忘记了你是什么公司、在什么地方、什么时间面试，条件相当的公司有很多，电话接多了也就记不清了。

（3）打电话的人态度生硬，有些像上级对下级发通知，没有体现出热情，他们没有受到尊重，心里产生反感或者抵触。

接着，我们又进行了讨论，如果通知面试的人不来，我们有什么损失？

（1）发布招聘广告所花费的钱没有实现回报最大化，而且还有可能继续花钱做招聘广告。

（2）我们打电话的时间和精力白白浪费了。

（3）人才短缺所造成的损失更是无法统计。

（4）领导参与处理这些事，也浪费了宝贵的时间。

（5）我们可能会与优秀的人才失之交臂，他们可能会应聘到竞争对手的公司，那将是我们最大的损失。

……

大家七嘴八舌地讲了好多损失，越想越多，越多越觉得这个事件的严重性，越讲这个事情的严重性，大家就越觉得内疚和自责……

最后，我们又讨论了一个话题：为什么这类问题存在了这么长时间，我们居然没有像今天这样分析原因，没有引起我们的重视呢？大家的结论是：我们根本就没有认识到这项工作的重要性。我们没有认真去研究为什么和应聘者约好了却不来，应聘者的心理是什么，针对当前应聘者的心理变化我们应如何调整邀请话术……我们每天都在忙，其实忙而无果，就是在增加公司的投入，而我们没有"拿人钱财，替人消灾"，这项工作没有实现价值的对等交换。

小刘也做了自我批评，她说："这个工作的效果如何，我从来没有想过，我觉得打完电话就行了，让我通知，我就通知，来不来是他的事，与我无关，我就是这么想的。现在想一想，这真是一种浪费，对公司、对自己、对应聘者都是浪费。还有一点，以前我总认为工作方法不对，其实好方法产生于好心态，如果有商业交换的心态，有"一定要做好"的心态，老师们不来做示范，我自己也一定能够做好，我知道自己今后该如何对待工作了。"

我们全场都给予她热情鼓励的掌声，而今天的小刘，已经成为这家公司优秀的人力资源部经理。其实我们每天都应当想想，是不是实现了价值交换，每做一件事都应当想想，我是不是让委托人满意。如果能做到这一点，那么我们的工作结果一定是最好的，我们的工作效率一定是最高的，我们的身价也会是一流的。

2019年，陈道明当选为中国电影家协会主席，可见他不仅是一位大牌明星，也是深受业内人士尊敬的前辈，这与他自律的人生价值观不无关系。

2007年《卧薪尝胆》这部剧上映了，陈道明在片中扮演越王勾践，其中许多镜头都是在很艰苦的环境下拍成的。在电视访谈节目中，主持人播放了一段勾践身戴沉重的枷锁，在山路上摔倒又爬起的镜头，就问陈道明："这是真的枷锁吗？确实摔得那么重吗？"陈道明回答说："都是真的，枷锁与古代的一模一样的，这是我要求的，这样才有真实的感觉。那几跤开始摔得不太好，又摔好几次，膝盖确实摔破了，脚也崴得很严重，但我还是要坚持，直到最后导演和自己都满意了为止。"主持人问陈道明："你已经是大明星了，为什么对一个小动作还那么认真？"陈道明笑着说了一句："拿人钱财，替人消灾。"

社会上曾经热议"小鲜肉"的话题，说的是一些个别的年轻帅气的偶像派演员，他们的片酬很高，但是拍戏时不背台词对口型，遇到特殊动作和危险动作，都需要替身演员上场。今天我们再看这些"小鲜肉"，没有几个经典传世之作。陈道明是业内公认的身价比较高的演员，之所以身价高，不仅是因为他的艺术造诣高，而且道德水平也很高。这个道德水平就是认真对待每一场戏，要演就演出精品、塑造经典，让制片人、导演、剧组和观众都满意。

这就是一种契约精神，一位演员的身价高不高，可能会与他拍过什么大片有关，但是一位演员的身价能否持续走高，一定与他是否全身心地投入与付出有关系。演员这个职业如此，每个行当也一样，要想自己身价高，就必须要有"拿人钱财，替人消灾"的认知和行动。

在一家高科技公司，有一位新来的工程师，他的理想就是成为这个行业里的一流工程师。随着公司业务的发展，大客户越来越多，在商务谈判中对技术方案讲解的要求很高，现有的销售人员有些力不从心，发生了一些大客户跑单的现象。公司管理层认为，现有的技术和产品已经非常领先，新产品研发暂时告一段落，除了极少一部分研发人员继续从事技术升级之外，其他技术人员的主要工作是与客户对接售前技术方案。由专业工程师提供和讲解技术方案，达到客户的认同，为商务谈判创造条件，并在销售之后做好技术服务，引导客户持续购买。同时，公司调整了销售提成制度，鼓励技术人员参与销售创收。

但是这位新来的工程师说："我是工程师，我不是做销售的，我来的目的就是学技术，研发产品才是我的工作。让我给客户打电话、上门拜访、做展会推销，我做不了，如果公司一定要求我做销售，我就辞职。"

总经理听到这番话以后，召集技术人员开了一次会，让大家对技术人员做销售的问题各抒己见。反对一方的观点是：我不想做销售，这不是我的职业理想；赞同一方的观点是：好的技术只有卖出去才有用，而且了解市场需求对产品研发是有好处的。咨询顾问也发表了自己的观点，他说："这个问题的核心答案只有一个——技术型销售与服务是不是技术人员岗位职责的一部分，如果是我们的职责，就应当去做，如果不是，我们应当重新商谈职责范围。"总经理也谈了自己的观点，他认为大家拿公司的薪水，就应当完成公司交付的任务，在这个前提下，其他细节问题才能解决。

最后大家归纳了三点：公司战略从以技术领先为重点，转移到以技术市场化、产业化为重点，这是董事会的决定，不可改变；"技术型销售与服务"应当是技术工作的一部分，之前公司没有说清楚，现在说清楚了，大家可以自愿选择；公司应当给大家提供顾问式营销的培训，设定一段时间的适应期。

恳谈会结束了，那个新来的工程师还没有想通，他带着做一名"纯粹"工程师的职业理想，又回到了茫茫职海当中，他能够如愿以偿吗？其实这个答案已经有了，除非他去只做基础性研究的公司，否则，一般商业化科技公司不会重用他。

如果一个律师不愿意去开发客户，只想代理诉讼，那么他早就没饭吃了；如果一个电影演员不愿意参加影迷见面会、影片推介会，只想演戏，制片人和导演下次不会再选他；如果一个工程师不愿意做市场，只想做技术，一般的公司都不愿意聘用他……今后在民营经济领域，职业发展的趋势就是专业市场化，就是无论什么岗位的人都必须具备商人思维，市场型专家将是未来身价最高的职业人。

职业没有纯而又纯的职业，岗位也没有一成不变的岗位，随着公司的发展，工作内容、工作难度和工作量总是变化的。如果是一项临时性工作，相信每个职业人都有服从公司安排的觉悟，圆满完成好任务；如果是一项长期的工作，老板应当考虑员工的薪酬调整，员工也应当"拿人钱财，交换价值"。当然在具体操作中，要分清哪些工作内容增加是完善性的，哪些业务增加是增量性的。所谓完善性增加，就是应当做的而原来没有做，现在发现了要补上去，比如工程师应当做售前技术营销。所谓增量性增加，就要区分两种情况，一是专业性质没有变化，只是工作量增加了，比如一位店长以前只管一个店，现在要管五个店，晋升为营运经理，薪水就应当提高；二是兼职其他专业的工作，比如行政部经理兼任人力资源部经理，如果公司小、员工少，专业难度和工作量不大，就不需要增加薪水，但是如果公司人数增加，管理范围和难度增大，兼职人员的薪水就要提高。

作为股东，作为老板，应当要有求贤若渴、高薪请人的诚心，要有让业绩突出的员工先富起来的信心，要有用更高的奖励激发团队潜力的真心。正如任正非所说，钱给多了，不是人才也变成了人才。如果分配机制设计得当，员工挣的越多，老板得到的也越多，这是一个共赢的机制和结果。作为员工，应当要有契约精神，拿着公司的薪水，就要为公司的利益着想，完成好本职工作，为企业解决问题，达到绩效标准。

如果是更加智慧一点的员工，一定会懂得"公司花钱，我成长"的道理，在工作中不仅仅做到平等交换价值，还不断给自己加压加量，让自己在有限的时间中，得到更大的提高。小米创始人雷军说："你到一个公司打工的时候，跟老板玩猫和老鼠的游戏，真是没有必要。公司给你的薪水能买下你一个月的青春吗？你在工作中学会的东西首先是自己的，其次才是公司的。没有多少人真正计算过自己一个小时值多少钱。"我们是商人，我们算过自己一个小时值多少钱吗？我们算过在工作时间内做什么能让投入产出比更高吗？如果能够不负韶华，在创造中成长自己，让自己增值，这是对契约精神的更高层次的理解。

契约精神不光是讲给员工听的，股东与老板更要信守承诺，答应员工的薪水和奖金一定要兑现，不能变相克扣、减少。没有谈清楚的现在就谈清楚，遗漏的工作职责要尽快完善起来，但是必须要兑现承诺，说话算数，才能取信于员工，取信于社会。当企业出现重大风险时，一是要按照法律法规办事，二是要与员工平等协商，做好动员，妥善安排，尽到企业家的责任。2020年出现的新型冠状病毒肺炎疫情，对于多数企业来说都是一场灾难，国家要求企业不能裁员，工资照发，但是企业生意停顿、生产停工，基本没有收入或者收入锐减，一些企业现金流非常紧张，甚至濒临倒闭。我们看到有些企业就做得非常好，与员工讲清企业的困难，与员工共同协商，同心协力渡难关，工资照发，生意照做，欠的先记账，好了再补上，即使是破产了，员工的工资也绝对不能欠。老板必须要有良好的心态，这个世界上没有永远不亏的买卖，亏的时候要想想以前赚了多少，赚的时候要想想是不是应该与员工共同分享财富。事实证明，最后能够渡过难关的公司，都是信守承诺的公司，因为承诺的背后都有一颗众志成城的心。

第四部分

敬业精神
——职业人的第二生命

专业是职业化的基础，商业是职业化的核心，那么职业化的最高境界是什么呢？是敬业。

要回答什么是敬业，我们要先回答一个看似不着边际的问题：人有几条命？人不是只有一条命，人其实有两条"命"，一是自然生命，二是职业生命。

自然生命是人的生老病死，是我们从出生到死亡的全过程。健康快乐是我们对自然生命的追求，我们与亲人和朋友相亲相爱，共同度过一生，享受生活，体味亲情，拥有了幸福，也承受过磨难。这就是我们自然的生命，无论一生结局如何，我们都珍惜和热爱自己的生命。

职业生命要比自然生命短得多，从有了第一份正式工作开始，直到我们退休，职业生命就此结束，事业成就感与财富是我们的职业追求，当然工作的最终目的还是为了过上美好的生活。

我们会受雇于不同的组织，也可能雇佣他人，我们会经历一种或者多种行业，从事一种或者多种职业，我们会与不同的上司和同事合作，与社会上形形色色的人交往。我们有时候职场得意，财源滚滚，飞黄腾达；有时事业不顺，屡遭打击，四处碰壁。当我们晚年的时候，有的人后悔，有的人满足，有的人骄傲，有的人沮丧，无论怎样我们都会走完自己的职业生命。

什么是敬业呢？敬业就是我们像热爱自己的自然生命一样，热爱自己的职业生命，这是一种生命状态。敬业的人表现出强烈的事业心和忘我的工作精神，他们享受工作的乐趣，创造非凡的业绩，而且持之以恒。许多企业都有这种敬业的员工，他们可能是普通的员工，可能是技术和业务骨干，也可能是中高层管理者，但是他们的精神与境界绝对不普通，他们是我们大家学习的榜样，是我们团队的精神偶像。

一、澄清对敬业的两种误解："热情"和"忘我"不一定是敬业

1.有方法的"热情"，才是真正的敬业

热情的人，通常对生活充满了热爱，对他人充满了爱心，他们乐于助人，是生活中非常受欢迎的人。在公司中，我们也倡导工作要充满热情，要满腔热忱地投入到工作中，这是一个职业人的良好精神状态。但是我们也经常会发现，有些人工作热情很高，但是效率并不高，原因是没有方法，往往是热情高，结果差，这就没有达到敬业的标准。

有一位老板是一个极限运动爱好者，平时不是攀岩，就是滑翔，不是徒步，就是潜泳，对生活充满热爱，对工作充满激情，对员工也充满了爱心。他的领导方式很有风格，一是提出梦想，二是指出方向，三是拿出奖励，四是鼓动人心，然后就放手不管了，就坐等结果，那么结果会怎样呢？

销售部长充满激情地给客户讲公司的核心价值观，结果客户用异样的眼神看着他们，怀疑公司的专业程度，如果没有销售的方法与流程，没有销售的策划与训练，大家想想这种销售的签单率能高吗？人力资源部长对所有来应聘的人，大谈公司的梦想，大讲老板的情怀，应聘的员工也会一脸迷茫，如果没有面试流程和评分标准，没有职责描述和薪酬方案，大家想想这种招聘上岗率会高吗？生产部长每天晨会带着员工喊口号，产品就是人品，质量就是生命，但是没有生产工艺流程和设备操作规范，产品检验标准不细致，员工岗位技能训练不充分，产品质量合格率能高吗？

老板意识到了自己的问题，但是找不出原因，走不出自己的怪圈，如果每天不做自我激励，就觉得没有工作的动力，所以员工的动力就会忽高忽低，这家企业的业绩也是忽高忽低。企业做了十几年了，产品相当不错，但

是利润率比同行低很多，老板对自己也不满意。

后来我们去这家公司做咨询，我跟他谈了三个问题。第一，人的精神动力来自于外界的认可，还是内心的驱动？第二，激情能带来效率，还是方法能带来效率？第三，文化和管理机制是统一的，还是对立的？在咨询项目结束的时候，我又跟他做了一次交流，他给了我最终答案：人的精神动力应当由自己的内在信念系统驱动，而不在于别人的认可，做给别人看不是真正的精神动力，自己想要坚持的信念才是真正的精神动力。激情非常重要，能给人们带来精神上的激励，但它终究代替不了方法产生的效率，只有方法科学、训练有素，人才能产生高效率。文化和机制不是对立的，是统一的，文化需要机制作为载体去落地生根，否则就会成为空话，永远不可持续，机制的建立也需要文化作指导，才能有正确的价值理念和思想内涵。

从此以后，这个老板开始回归内心的自我觉察，开始注重管理机制的建立与方法的传授，开始学会在管理中传播企业的核心价值观。半年之后，这家企业的经营业绩同比增长创历史新高。如果我们能够把激情与方法相结合，把情怀与机制相结合，把感性与理性相结合，我们就会造就卓越的公司和无敌的团队。

2.有结果的"忘我"，才是真正的敬业

在我们的生活中，不乏善良热情、勤奋忘我的人，他们给身边人带来友爱、亲情和感动，是我们尊敬和喜爱的人。但是在职场上，这样的人不一定是优秀的职业人。从职业化的角度上讲，如果你没有过硬的专业本领，没有商业交换的意识，没有拿出客户满意的结果，你只能是生活中的好心人，却不一定是职场中的好员工。

有一家公司，有一位非常热情的人事部经理，她非常关心同事们的生活，她姓刘，大家都叫她"刘大姐"。

有一天快下班了，突然下起了大雨，同事们毫无准备，谁都不愿意被雨

淋湿，就坐在办公室里等雨停。刘大姐没有说话，自己冒雨跑出去给同事们买回了雨伞。当她一身雨水回到办公室的时候，大家都非常感动，年轻一点的员工抱着她，亲热地说："你比我亲姐都亲……"

可是不久，刘大姐却被公司解雇了，有的员工一时有些不理解，有的人甚至质问总经理：这么"敬业"的员工，公司为什么要解雇她呢？真正的问题来了，她是一个热心的员工，还是一个敬业的员工？

有一天，总经理在员工大会上提到了这个问题。他说："我比谁都更清楚咱们的公司，刘经理是个好人，同事工作没有吃午饭，她会主动去买；公司出去旅游，她从来都是最后一个上车；不管是谁住院了，她都一定会去看望……她为了给公司省钱，每次出去办理社保等业务时，都是坐公交车去，一去就是半天，真是不容易呀，我与大家一样都十分感动……

"但是，这些年来，我们一直有一些问题没有解决，就是公司想要的人招不上来，不想要的人还走不了，人才问题已经严重影响了公司的发展。我说过许多次，请刘经理做好人事经理的工作，特别是招聘工作，把人才问题解决好，但是人事工作没有任何进步。

"现在技术部缺少技术人员，设计能力严重不足，公司无法承诺客户的新订单，技术部经理对人事工作非常不满意；生产部严重缺少一线工人，我们有设备却开工不足，工期得不到保证，生产部经理都快崩溃了；销售部就更不用说了，销售部经理对刘经理意见最大，要了一年的销售人员了，到现在也没有提供合适的人选，无奈之下，他只好自己亲自去跑人才市场，招人都成了销售经理的主要工作了。

"我不怕为刘经理多付薪水，只要不是太高，我就能接受，因为人才不足所造成的损失，远远高于我给她的工资。如果你不能解决人才短缺问题，即使你要求的薪水不高，我也不愿意聘用你。我要的是能给我招来人才的人，而不是一个热心的人！"

这个事件在公司中引起了一场议论，到底什么人是敬业的员工？最后大家得出的结论是：敬业＝卓越的业绩＋忘我的精神。

刘经理有忘我的精神，但是没有卓越的业绩，所以她不能被称为敬业的员工。她被辞退的原因是她的本职工作没有好的结果。人力资源管理是她的本职工作，招聘是人力资源部门的第一职能，一般有两个业绩考核指标，一个是及时上岗率，一个是试用期通过率，她都没有达到，而是把工作热情都放到后勤服务上了。后勤服务工作不是不重要，但是相对于人才招聘来说，肯定是次要的，后勤服务做得再好，招不来公司需要的人才，也就失去了公司聘用你的意义。

忘我、无私、助人为乐，都是做人的良好品质，是我们公认的好人，但是在职场上，除了要人品好之外，还要能够为公司和客户提供结果和创造价值，并且通过价值交换，能够得到公司与客户的认可，否则我们将会失去职业的意义，真正的敬业是在专业、商业的基础上的忘我精神。

二、敬业精神：对职业极为尊敬和热爱的一种态度

1.敬业是一种绝对精神，只愿付出，不图回报

什么是绝对精神，是一种单向的、内在的、完全没有功利思想的、很纯粹的奉献精神。绝对精神就是"我对你好，就是对你好，我不要回报，如果说有回报，那一定是一种奉献后的快乐"。母爱就是一种绝对精神，母亲对孩子的爱，是从来不指望回报的。与之相反的就是相对精神，相对精神就是"我对你好，你也要对我好，我对你好的目的是需要你的回报"。

迄今为止，中国国产电影票房的最高记录是《战狼2》，中国最受欢迎的科幻片是《流浪地球》，而这两部影片的投资人和主要演员是吴京，他成为我国大陆地区首位百亿票房男演员。这位曾经不温不火的武打明星，怎么突然带来这么多惊喜呢？

吴京是武术运动员，他的梦想就是成为像李连杰一样的武打明星，但是很长时间都没有进入一线演员的行列，因为他的风格缺乏辨识度。李连杰的功夫是潇洒，成龙的功夫是幽默，甄子丹的功夫是"劲爆"，吴京的特点是什么呢？始终不明确，所以他走得很辛苦。第一部《战狼》筹备时，没有一个人看好这部电影，但是他没有放弃，甚至拿出自己的房产做抵押贷款，投入自己所有的资金和精力。拍摄《战狼2》的时候，吴京在非洲待了将近一年时间，影片拍摄期长达10个月，而且他受伤60多次，体重骤减近30斤。有人说他进入了一种癫狂状态，不拍出自己满意的效果誓不罢休，他已经不把投资电影当成一种商业行为，而是一种对信仰的追求。正是依靠这种单向的、纯粹的、义无反顾的精神，也就是真正意义上的敬业精神，最后他才成功了。

敬业精神是一种绝对精神，敬业的人首先想到的不是回报，他们认为付出就是快乐，尽职就是天职，奉献就有意义。

但是实际上，这些奉献会不会白白付出呢？不会的，世界是公平的，敬业的人往往会有很多的回报：当敬业精神成就了个人职业梦想的时候，他收获了内心中最大的快乐；当敬业精神成就了团队荣誉的时候，他收获了别人的尊重；当敬业的人为团队付出的时候，团队会感激他，团结在他的周围成就一番事业。

让我们回到吴京的故事。名不见经传的年轻导演郭帆想筹拍《流浪地球》，剧组没有钱，还想找一个明星免费出演，结果没有一个人答应，最后找到吴京，吴京很爽快地答应了。不但免费出演，还自掏腰包6000万元作为投资。最后的结果大家都知道了，《流浪地球》创造了国产科幻片的票房新纪录。有人说吴京命好，投什么都赚钱，其实不是什么命好，而是天道酬勤，这是多年对电影艺术执着追求的必然结果。有一件事情能够看出吴京对电影的执着与热爱，在给郭帆投资时，他只提了一个条件：今天我帮你，以后你遇到执着追求电影艺术的人，你也要帮他。

敬业的人，为了自己热爱的事业，什么都可以舍得，而这个"舍"，最后一定会有"得"。敬业的人，最后的结果都不会太差。

2.把职业看成自己的第二生命，像热爱生命一样，热爱自己的职业

敬业，就是像热爱生命那样热爱自己的职业。生命是短暂的，职业生命比自然生命还短暂，敬业的人珍惜自己的生命，更加珍惜自己的职业生命，他们希望在有限的职业生涯中，创造更多的社会价值，让自己的生命更有意义。

我国的500米口径球面射电望远镜工程（简称FAST）被称为"中国天眼"，是世界最大的单口径望远镜，与号称"地面最大的机器"的德国波恩100米望远镜相比，灵敏度提高约10倍，与被评为人类20世纪十大工程之首的美国Arecibo 300米望远镜相比，综合性能提高约10倍，是我国具有自主知识产权、世界最大单口径、最灵敏的射电望远镜。这个伟大的工程将使中国在天文研究与太空探索领域，保持至少20年的设备领先地位。

但是"中国天眼"的首席科学家、总工程师——南仁东先生没有看到今天的成就，他已于2017年9月15日因病去世，享年72岁。从1994年南老提出构想到建成，一共历时22年。他曾经对比了1000多个洼地，踏遍上百个窝凼，喝浑水，吃冷干粮，只为给"天眼"选个好台址，一选就选了12年。从2007年7月FAST项目立项开始，南老几乎参与和设计了FAST项目的每一个环节，上钢架拧过螺丝，拿扁铲削过金属板，还在高空山梁上打过孔、套过丝，他把一生的精力都献给了"天眼"。

是什么力量让南老倾其一生造"天眼"呢？他说，"天眼"建设不是由经济利益驱动的，而是"来自人类的创造冲动和探索欲望"。他曾说过这样一句话："美丽的宇宙太空以它的神秘和绚丽，召唤我们踏过平庸，进入它无垠的广袤。"

人的生命是有限的，南老用一生只做了一件事，就是造"天眼"。其实我们也一样，生命是有限的，能够做成一件事，也是非常了不起的，这不仅需要知识与能力，更需要一颗热爱的心，爱这个岗位，爱这个职业，爱这份工作，而且是像热爱生命一样去热爱，这就是敬业精神的核心。

3.敬业是一种享受工作的状态，把工作当成一种生活方式

敬业的人在工作中会感到无穷的快乐，他们可以全身心地投入其中，享受工作的每一天，享受每一个小成就，也享受每一次小挫折。无论成功失败，他们都乐此不疲，日积月累创造出了让人惊叹的成就。

有一个流传很广的小故事。一个人看见三个石匠在城门边造神像，他问了三个石匠同一个问题——为什么要在这里夜以继日的工作？第一个石匠说，为了养家糊口；第二个石匠说，他要证明自己的手艺是世界一流的；第三个石匠说，这个神像将保佑全城民众的安康。问完之后，这个人仔细地看了看三个石匠的作品，第一个神像勉强说得过去，只是有些粗糙；第二个神像很精湛，但是好像少了点什么；第三个神像很威武，栩栩如生，神采奕奕。这个人又观察了三个石匠的工作状态，第一个石匠愁眉苦脸，第二个石匠神经紧绷，第三个石匠满心欢喜，享受其中。

有什么样的心态，就决定了什么样的结果。第一个石匠要养家糊口，这无可厚非，他是为生存而工作；第二个石匠要彰显自己的手艺，也可以理解，人不为利，就是为名；第三个石匠要造福全城的人们，在名利之外，他赋予了雕刻工作一个伟大的意义，希望神可以保佑大家平安，他对自己的职业和工作充满了敬意，这个石匠达到了敬业的人生境界。

我们有一个客户是从制造业起家的，老板从二十几岁开始创业，有一个员工一直跟随他，就是生产部刘经理。两个人历经风雨，手足情深，共同见证了这家公司从一个小工厂，逐渐成长为一家集团公司，涵盖金融、房地产、旅游、商业、互联网等业务模块，公司员工也从当年的几十人，增加到

3000多人。老板很珍惜与刘经理的友谊，多次让他担任集团副总，分管几个业务模块的工作，但刘经理就是不去。他说："我就只懂生产，也愿意管生产，每天看着机器运转，心里就高兴，看到产品从库房发出去，我就开心，我不愿意进写字楼，我每天在车间与工人在一起就很享受。你把我搞到集团去，天天开会，四处应酬，发号施令，我干不了。"刘经理在车间一干就是20多年，他的徒弟都成了集团的副总，他还是一个工厂的生产部经理。

可能有人会说刘经理过于保守，不思进取，没有超越自我的勇气，为什么不去探求一下自己的潜力？可能有人会说刘经理是小农意识，过于封闭，不愿意拓展自己的视野，怎么会有精彩的人生？我不这样认为，一个人一辈子都干自己喜欢干的事情，即使这不是什么伟大的事业，但是能够持之以恒，乐在其中，自利利他，这样的员工难道不是敬业的员工吗？在现实生活中，敬业的员工大多数都像刘经理一样，默默无闻，平平凡凡，他们就在我们的身边，是我们学习的榜样。

三、如何做到敬业呢？

1.提升自己的快乐指数，从不快乐到快乐是一个人必经的成长过程

敬业的人把工作看成最快乐的事情，他们陶醉在自己喜爱的工作中，以愉快心情进行创造和劳动。有时候，他们喜爱工作的程度，让常人无法理解，他们如此沉醉、如此痴狂，他们没有时间概念，也不知道休息，一进入工作状态就全身心投入，乐此不疲，兴奋不已。看不懂的人经常会纳闷，他们都累成这样了，怎么还会如此快乐呢，这个人是不是不正常啊？

这个人很正常，他要么天生就是这样的，为了工作而生，工作起来就快乐，闲下来就无聊，要么就是他经历过什么，让他领悟到工作是如此美妙。

无论是哪一种情况，他们的快乐指数都远远高于普通人。

大部分人都是把从事某项工作当成一种谋生手段和工作任务，而不是当成一种生活方式，更谈不上快乐和喜欢。可能大多数人都不愿意上班，我们会有"周一上班烦躁症""节后上班恐惧症"；我们会因为与上司意见不合而郁闷，会为下属不负责任而发火；我们会因为工作不开心而跳槽，因为自己的地位不高而自卑；我们会因为工资太低而发牢骚，会因为经常加班而抱怨。一句话，我们工作得并不快乐。

人的本性是向往自由的，而工作往往会束缚你的自由，这就是多数人工作不快乐的原因。

初入职场的人能够很快找到自己喜欢，工资和社会地位都很高，又可以干长远的工作吗？不太可能，所以有的人就不停地跳槽，工资可能会越来越高，但心里却越来越没有底，不知道自己会走多远。这是为什么呢？因为他没有培养出自己的核心竞争力，为了钱而随波逐流，这种人不知道自己真正想要什么。

"玻璃大王"曹德旺说："在就业的时候，你要记住赚两笔钱，一笔是硬的钱，也就是老板每个月发给你的工资，多少都没有关系，象征性地拿也没有关系，最关键的是第二笔钱，要拿软的东西，就是不断积累创业的经验，培养个人的核心竞争力。个人的核心竞争力不是用钱就可以买到的，也不是偷来的。"

这个软的东西是什么？是一个人正确的人生观和价值观，是一个人科学的思维方式，是一个人健康的心智模式，是一个人正直、勇敢、善良和智慧的内在品质，这才是我们一生最大的财富。

心怀梦想，脚踏实地，持之以恒，总会有一天，我们也会达到快乐工作的境界。

天生的"工作狂"毕竟是少数，多数人都经历过从不快乐到快乐，从不喜欢到喜欢的职业成长过程。我们来看一下"职业快乐指数象限图"，一个横轴是职业价值线，职业价值线表示职业地位和收入水平，一个纵轴是职业热爱程度，就是你是否喜欢自己的工作，工作时是否感到快乐。起点是做"不喜欢干，低价值"的职业，最后的目标是做"喜欢干，高价值"的职业，中间有两个途径，一个是"喜欢干，低价值"，一个是"不喜欢干，高价值"。

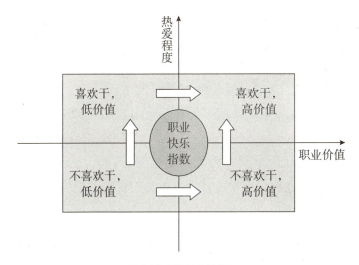

职业快乐指数象限图

这个象限图的意义告诉我们，一般情况下人们的职业起步都是从"不喜欢干，低价值"开始的，这是一种正常现象。如果你是职场新人，没有专业技能，没有工作经验，你就只能先找一份谋生的工作。这时候，生存压倒一切，虽然你不喜欢干，虽然价值低，但是必须要接受，这是多数人的职业起点。当我们有了职业兴趣，不太在意收入的时候，我们就走向了"喜欢干，低价值"的职业方向；当我们以多赚钱为目的的时候，就走向了"不喜欢干，高价值"的职业方向，这是职业生涯中两个并行的途径。多数人会这样走完自己的职业生涯，只有少数人通过较长时间的艰苦努力，加上一点运气，最终达到"喜欢干，高价值"的职业理想状态。当然，如果热爱自己的职业，享受自己的工作，无论赚钱多少，我们一生都搭上了一列快乐的火车。

我曾看过一个讨论婚姻爱情和家庭伦理的节目，一个男人特别喜爱写作，立志成为一名作家，每天待在家里希望写出惊天之作。十几年过去了，家里已经无米下锅了，仅靠老婆出去打零工，是难以维系家庭正常开销的，夫妻之间也产生了很深的裂痕。想成为作家，这个理想本身没有什么错，但是如果你已经结婚了，就应当先学会养家糊口，承担起对家庭的责任，先从事一份可能自己不喜欢，但是能够赚钱的职业。如果有一天你实现财富自由了，再去当作家，做自己喜欢的事。我认为这是人生观问题，一个人的成功，仅仅是指事业成功吗？如果为了事业而让家庭破裂了，这个事业成功有意义吗？我认为没有。因为工作的目的是为了更好的生活，你自己生活好了，每个家庭生活好了，这个社会就很美好。

初入职场的年轻人，有些人只看到某个职业风光的一面，就特别希望从事这个职业，但是不愿意从基础做起，总想追求快速成功。

我经常说，培训师是一个容易让人产生虚荣的职业，因为大家看到的都是培训师很光鲜的一面。他们站在讲台上慷慨激昂，振振有词，魅力四射，下边的听众如痴如醉，满脸崇拜，送去鲜花和掌声，所以在一些人印象中，培训师可以名利双收。许多年轻人都来面试或者咨询，想从事企业管理培训师这个职业，他们问我如何才能成为一名优秀的管理培训师？

我一般都会这样回答：如果你有良好的形象、不错的口才，有经济管理专业背景或者一定的企业经营管理经验，你就可以准备一门管理课程，然后免费给企业上课，打开知名度后才可以收取费用，成为一位职业培训师。但是你不一定会出名，挣的钱也不多，90%的人在这个过程中都放弃了，因为竞争太激烈了。那么最佳方案是什么呢？先从管理咨询顾问开始，坚持深入企业一线，帮助企业解决实际问题，这一般需要五年时间，当你有了成熟的管理体系、管理理念、管理工具和方法论，你再把这些编成一门课程，你就会成为一名具有竞争力的培训师，因为你传授的是实用、实效、实战的方法。课程将会非常生动，并富有感染力，一般的培训师竞争不过你。从咨询中来，再回到咨询中去，把讲课当成咨询之后的实战分享，不做"网红"贩卖知识，不做学者大谈理论，不做大师灌输"鸡汤"，只做一名咨询式讲师。再经过十年的精进和升级，你就可能成为这个领域中最好的培训师。

行业与职业成功的模型也是一个金字塔，顶尖的人毕竟是少数，为什么大多数人没有成功，因为我们要么不思进取，要么习惯放弃。不思进取，是因为一个人没有更高的理想和追求，小富即安，知足常乐，这是一种人生态度，如果你不想成为出类拔萃的人，这种人生态度也无可厚非。习惯放弃，是一个人耐不住寂寞和清苦，渴望速成，当无法实现人生目标时会感到失落，开始自暴自弃，这是一个人的心理状态。

即便有些人成功了，这种快乐能够延续吗？答案是延续不了，因为人生本身就是苦，快乐只是苦与苦之间短暂的空隙，人们需要做的就是苦中取乐，常态就是"痛并快乐着"，然后再不断修炼自己，最后离苦得乐。马云曾说，我这辈子最后悔的事情，就是创建了阿里巴巴。雷军说，创业是阿狗阿猫干的事情，不是人干的事情。任正非说，30年来，华为全都是痛苦，没有欢乐。

怎么苦中取乐？就是以积极乐观的心态，为自己的职业找一个快乐的理由，这个理由足够让你在艰苦和寂寞的岁月中内心充满希望、喜悦和力量。马云给自己找到了一个快乐的理由——让天下没有难做的生意，雷军给自己找到了一个快乐的理由——做用户心中最酷的公司，任正非给自己找到了一个快乐的理由——伟大都是熬出来的。

人是精神动物，如果没有精神的支撑，不可能成就一番事业，这种精神就是一种乐观精神、苦中取乐的精神、为自己的人生寻求意义的精神。当一个企业家能够找到自己快乐工作的理由时，这个理由就变成了企业的愿景和使命，如果能够让员工都信奉并实践这个愿景与使命，那么一家卓越的公司就诞生了。

2.崇尚自己的职业，给自己的工作付予一个美好的理由

喜欢基于兴趣，对某个职业有兴趣是敬业的入门阶段；热爱基于意义，对职业的意义有深刻的理解，这是敬业的高级阶段。喜欢可能是一时的，热爱却是一生的。比尔·盖茨说："你可以不喜欢你现在的工作，但你必须爱它。只要坚持爱它，平凡的工作也会有伟大的成就。"

企业家快乐的源泉来自于愿景和使命，员工快乐的源泉来自职业价值，我们要提高工作的快乐指数，就是给自己找到一个产生快乐的职业价值。敬业的人对自己的职业非常崇尚和忠诚，谁要是说他的职业半句坏话，他就会跟你生气，跟你辩论，直到你承认他的职业很有意义。他们对自己的职业有宗教信仰般的狂热，这不是一般的热爱，是崇拜，是忠贞，是荣誉，是自己的精神支柱，是自己的生命。

要培养自己对职业的忠诚度，就要提升对职业意义的理解和认知，军人有另一个称呼，叫人民卫士；医护人员有另一个称呼，叫白衣天使；老师有另一个称呼，叫灵魂的工程师，这些称呼都体现着职业的价值和社会意义。如果你把军人就看成一个当兵的，把护士就看成一个伺候病人的，把老师就

看成一个教书的，而且你还在从事这些职业，那么你一辈子都不会成为敬业的人，因为你自己都不敬重自己的职业。

在为企业提供咨询服务过程中，我们发现某些企业的员工士气并不高，特别是一些劳动密集型和服务密集型企业，一些普通员工认为自己处在社会的底层，每天上班就是打工挣钱，根本谈不上什么岗位价值和职业前途。如果没有社会和企业的正确引导，普通员工的工作动力就会下降，这不利于员工的健康成长和企业的持续发展。

2017年，京东快递小哥宋学文获得了全国五一劳动奖章，与全国700名获奖人员一起在人民大会堂接受了这份荣誉。这个快递小哥不一般，他在京东工作六年，送件时长已经达到1900多天，配送总单量达到216000多件，总里程达到324000多公里，足可以绕地球八圈之多，并保持服务"零差评"的纪录。他后来调到鼎好电子城配送站工作，因为经常给企业客户送货，大订单非常多，他总能耐心解决问题，避免产生纠纷，为京东赢得了大量的忠实客户。仅在2016年当年，宋学文就获得了客户送来的锦旗两面、表扬感谢信五封。

能够取得这样非凡的成绩并获此殊荣，一方面是源于对宋学文对快递职业的热爱，他最初感觉这份工作就是送货，工作还算稳定，多劳多得，适合自己。后来他觉得这不仅是一个送货的工作，还是公司的形象代表，客户与京东员工接触最多的就是配送员，自己的岗位非常重要。另一方面，他也特别感谢京东公司，公司对一线配送员特别重视。2016年，京东专门设立了"4·28京东配送员日"，旨在向所有奋战在一线的仓储、配送、客服、售后等员工表达敬意，并呼吁全社会给予这些基层劳动者更多的尊重、关注和关爱。那一年，京东表彰了2000名优秀的一线配送员工，号召京东全体员工学习他们的服务意识。

这一切都源于京东的企业文化和发展理念，京东的发展首先得益于组织中"人"的发展，因为人的发展带动了京东的企业发展，"人"是京东发展的核心助推器。京东的管理层相信，人的潜能是无限的，人是京东最基本的源动力，对人的深入关怀和激励，就是对京东发展战略的彻底实践。

我们常说，人总是要有一点精神的，职业人总是要有一些精神寄托的，这个寄托就是职业价值。我为什么要工作，为什么要付出，人们总要给自己一个合情合理的答案，这个答案应当是明确的——我们的职业价值是客户、团队、公司、社会和家人的认可，客户的满意、公司的肯定、团队的点赞、社会的理解、家人的鼓励，都是我们职业价值所在，是我们努力工作的动力源泉。

提升员工的职业自豪感，企业要给员工赋能，员工也要"自燃"，无论从事什么职业，只要是对社会有益的，都应当得到充分的尊重和理解，这是一条自我修行的道路。认识自我价值，保持内心淡定，努力活在当下，乐观面对未来，普通的人也会走出一条精彩的人生之路。

第五部分

法制观念
——职业人的道德训练

　　前面四个部分，我们重点阐述了什么是职业化，从现在开始，我们要讨论一下，职业化是如何培养出来的。多年的企业管理咨询经验告诉我，职业化不是讲出来的，不是培训出来的，而是训练出来的、修炼出来的，训练要有方法和行动，修炼要有反思和重复，我们先从职业化的底线开始修炼，这个底线就是"法制观念"。

　　法制观念就是遵纪守法的意识，在企业中教育员工树立法制意识，做到依法办事，出现重大问题后首先要判断是否违法，并以此作为处理任何问题的底线。可惜的是，我们大多数企业没有这方面的教育和行为要求，以至于出现了许多违法违规的事情，最令人担忧的是大家还不以为然，只认为是一般错误，而没有认识到这些问题涉嫌违法。

　　近年来，随着公司犯罪行为的增多，一些企业开始意识到廉政、反腐、防范和打击犯罪行为的重要性，公司的反腐行动开始深入开展。

　　2018年12月29日，百度辞退了55名员工，原因是他们与司机勾结，虚开发票报销，贪污公司钱财。近十年，百度内部通报了九起案例，涉及员工114人，其中职级最高的是副总裁，包括时任百度副总裁兼百度糯米总经理曾良、时任百度副总裁李明远等人。2011年，百度把原来的职业道德建设部升级为"职业道德委员会"，专门负责预防和治理公司犯罪行为，规范员工言行，强化价值观建设，成为百度高层的议事机构之一。

　　最近十年，阿里巴巴就调查处理了多名副总裁级别的高管，包括阿里优酷原总裁杨伟东、聚划算原总经理阎利珉、阿里原人力资源部副总裁王凯、阿里原副总裁刘春宁、前合一集团（优酷土豆）副总裁卢梵溪、阿里影业原副总裁孔奇等。早在2009年，阿里就出台了《商业行为准则》；第二年，淘宝率先设立廉政部门，重点查处、打击员工的违法违规行为。2012年，设立了集团一级部门"廉政合规部"。2015年，阿里又增设了"阿里首席平台治理官"一职，由阿里合伙人郑俊芳担任。

腾讯公司也对侵吞公司资产的高管重拳出击。原腾讯公司SNG社交网络事业群企业产品部渠道销售中心总监万勇，在任期间单独或伙同下属员工金某某，利用职务便利，以炮制公司资金支出名目，骗取公司领导信任，将公司资金通过特定经销商账户"走账"，事后套取资金的方式侵吞公司财产。法院认定万勇侵占腾讯公司资金1139万元及受贿390余万元的事实，以职务侵占罪判处万勇有期徒刑九年，并处没收财产20万元；犯非国家工作人员受贿罪，判处有期徒刑五年，并处没收财产五万元，决定执行有期徒刑十二年六个月，并处没收财产25万元。在反腐败治理方面，从2014年起，腾讯内部开始对全体员工进一步强化普及由人力资源、内审、企业文化部共同制定的《员工阳光行为准则》，对员工行为指引做了更具体的要求。

近几年，我国企业中员工犯罪现象增多，这其中有几个主要原因，一是在我们的意识中，民营企业没有公司犯罪这个说法，许多企业对公司犯罪没有概念；二是有些老板就缺乏法制观念，所以他也不能判断员工是否违法，个别企业甚至从客观上纵容员工违法，法制建设在许多企业还是空白之处；三是多数企业注重经营，忽略管理，只注重财务风险管控，不注重法律风险管控，没有防范意识，也不掌握管控方法；四是受不良社会风气的影响，各种诱惑越来越多，看到别人一夜暴富，个别员工的人生观、价值观产生了扭曲，妄想不择手段地获取财富，利用一切机会铤而走险，这样人越来越多，侵害公司利益的潜规则也越来越多。现在的社会环境中，充满了利益诱惑和觊觎公司利益的机会，如果团队法制观念淡薄，公司法律风险防控机制较弱，这些违法现象将会越来越多，必须引起我们的高度警惕。

从根本上解决这些问题的唯一途径就是职业化。首先，从董事会、董事长到总经理，必须首先职业化起来，把法制建设作为公司文化建设的基础，在公司旗帜鲜明地提出：对侵害公司利益的违法违规行为，采取零容忍的态度，无论是谁触犯了这个底线，公司都会一追到底。其次，建立法律风险防控体系。有条件的公司要成立廉政反腐专门机构，没有条件的公司应当把廉政反腐的职能交给某个部门，并由董事长和总经理亲自抓。建立各种防范制度，防止法律风险，不给那些动心思的人犯错误的机会。第三，要开展全员法制教育，请法律工作者到公司普法，建立高管入职宣誓制度，经常用典型案例警示员工。团队的职业化是多种因素作用的结果，职业化将是一个漫长的进化过程。

一、三大"违法现象"将会越来越多地出现在企业中，让我们警钟长鸣

1.泄露商业机密，让公司多年的心血付之东流

公司中的商业机密是指不应当为公众知悉，具有实用性，能为企业带来经济利益，并经企业采取保密措施的技术信息和经营信息，内容包含产品设计图纸、生产流程、产品配方、制作工艺、制作方法、管理诀窍、客户信息、货源情报、产销策略、财务数据、招投标中的标底及标书内容等信息。

商业机密如果被对手采用不正当手段获得并用于竞争，势必会削弱公司的竞争优势，扰乱公平的竞争秩序，所以在法律法规中有"竞业禁止"的规定。竞业禁止也叫竞业限制，是指为避免用人单位的商业秘密被侵犯，负有特定义务的劳动者依法定或约定，在劳动关系存续期间或劳动关系结束后的一定时期内，不得到生产同类产品或经营同类业务且具有竞争关系的其他用人单位兼职或任职，也不得自己生产与原单位有竞争关系的同类产品或经营同类业务。

随着中国企业自主知识产权创新的增多，一家企业的核心技术成为决定市场胜负的关键因素，由此出现了"挖人带技术"的不良现象，许多技术人员经不起对方的利益诱惑，违背了对原公司的守密承诺，一个U盘就能够带走公司十几年，甚至几十年的心血，这类现象经常发生在我们身边。

许多公司的商业机密都是多年来许多人呕心沥血的结晶和艰苦奋斗的结果，是一家公司能够赢得竞争的秘密武器，一旦被盗用，就会变成对手攻击自己的武器，这种损失是巨大的，甚至是无法挽回的。

2004年12月，上海沪科公司王志骏、刘宁、秦学军涉嫌侵犯华为公司光网络产品商业秘密一案，由深圳市南山区人民法院依法作出判决。犯罪嫌疑人王志骏犯侵犯商业秘密罪，判处有期徒刑三年，并处罚金五万元；犯罪嫌疑人刘宁犯侵犯商业秘密罪，判处有期徒刑三年，并处罚金五万元；犯罪嫌疑人秦学军犯侵犯商业秘密罪，判处有期徒刑二年，并处罚金三万元。已被冻结的泸科公司帐户内款项责令退赔给华为公司（退赔金额以人民币588.01万元为限）。

　　王志骏、刘宁、秦学军等人原是华为公司光网络技术的研发人员，接触和掌握该产品的核心技术。2001年11月，王志骏、刘宁、秦学军等人分别以出国读书、读研为名先后辞职，并投资50万元于上海成立上海沪科公司。同时，他们又从华为公司陆续挖走了该项技术的20多名开发人员。此后，沪科公司仅用半年时间就推出了使用华为公司光网络技术开发的相同产品，并销往全国多个省市。沪科公司于2002年10月将该技术和少量资产整体出售给杭州一家公司，违法获利200万元和价值为1500万美元的股票期权。

　　这是一起典型的员工窃取公司技术机密谋取私利的案件，在我们企业发展过程中，这类案件时有发生。

　　安踏设计图纸被盗卖事件。原安踏公司设计人员林某某用U盘拷贝了新款鞋子的设计方案，以5000元的价格卖给了两个鞋厂，导致安踏98款未投入生产，造成直接经济损失达966166.45元。

　　东软集团技术泄密案。该公司前副总经理李某某为谋取暴利，串通CT机研发部17名核心技术人员窃取公司核心技术资料，然后集体辞职。经司法鉴定，商业秘密外泄造成公司项目折余价值为4000余万元，其中项目延迟损失高达1470余万元，窃取技术价值总计2400余万元。

　　海尔前职工盗窃生产数据案件。海尔原职工齐某某通过邮件形式，向同行业某公司非法透露海尔洗衣机重要生产数据，辞职后又通过邮件，从海尔内部人员处获取洗衣机生产和采购环节重要商业数据。经评估，给海尔集团分别造成直接经济损失2952.25万元。

　　技术泄密案在增多，客户信息泄密案增长更快。近年来电信诈骗、网络诈骗、金融诈骗时有发生，有的人甚至被骗得倾家荡产。这些个人信息从哪里来的？都是由掌握这些信息的公司或者机构的内部人员透露出去的，他们甚至以一个电话号码一块钱的价格对外倒卖，个人信息的泄漏对整个社会、家庭和个人都造成了极大的危害。

这些案件都有一些共性特征，一是作案人都是"内鬼"，而且都是关键岗位的人员，他们能够利用职务之便接触和窃取公司的商业机密；二是他们在作案之后就辞职，甚至到获取商业机密的一方任职，之后还与原公司内部人员勾结，继续侵害公司利益。

2.行贿受贿，损公肥私，破坏公平竞争

我们的企业中有两大毒瘤，一是"公司政治"，就是权谋文化；二是"公司腐败"，就是行贿受贿。前者的损失是管理内耗，后者的损失是利益外流，前者可以用法人治理结构调整、决策机制科学化、阳光文化建设与领导者职业道德素质提高等方法来解决，属于"人民内部矛盾"，后者也可以预防，可以提醒，可以教育，但却是"敌我矛盾"，只能依靠法律手段解决。

我们在上课的时候，做工程项目的老板说，现在不给好处，就没有工程可做；医药和医疗设备、器械行业的老板说，整个行业都这么干，你不这样干，你就没有生意做……对待行业"潜规则"这个问题，我的态度很明确：如果你认为不行贿就做不了生意，你劝你还是别干了。这些年，我还真让好几家企业"金盆洗手，洗脚上岸"。做生意靠的是实力和信誉，不是靠行贿受贿，正常的客情关系可以礼尚往来，但是不能背着公司做私下交易，为自己谋取好处。

多数情况下，行贿的事情老板都知道，甚至是老板指挥的，员工行贿客户也是公司默许的，但是受贿多数是背着老板干的，通常是有实权的管理层私下收取供应商的好处。

　　受贿是最可恨的行为，是典型的"吃里扒外"，拿着公司的好处，还吃着供应商的好处，为了自己的利益，损害公司的利益，典型的"胳膊肘往外拐"。所以，面对受贿所有的公司都应当只有一个态度——严惩不贷。让这种可恨的现象付出最高的代价，才是最好的警示与预防，否则原谅了一个错误，毁坏了一个文化，宽容了一次犯罪，纵容了无数的欲望，一旦这种"蛀虫文化"漫延开来，公司这棵大树迟早会从根烂到梢，总有一天会倒下。

　　行贿受贿有两种，一种是政商之间，企业向政府官员行贿，目前在中央强力反腐的高压态势之下，政商关系开始走向"亲清"；另一种是商商之间，企业与企业之间行贿受贿，这种情况比较多，有的虽然不构成犯罪，但是也会损害企业利益，助长不良风气。

　　2019年4月16日，安徽省阜南县人民法院开庭审理一起行贿案，被告人常某因犯对单位行贿罪，被依法判处刑罚。常某是上海人，2009年来到阜阳开拓医疗器械市场。为了打败竞争对手，她和某医院CT室主任屠某某（已判刑）达成"协议"，约定该科室每使用一张常某公司销售的激光片子，屠某某可得一元回扣。直到2012年12月，屠某某从常某所在的上海某贸易公司获得回扣27万余元。2014年9月，经阜南县人民检察院批准，对涉嫌行贿的常某采取刑事拘留措施。2018年9月，合肥市公安局将常某抓获归案。阜南县人民法院审理认为，被告单位上海某贸易有限公司通过给予回扣的手段，获取竞争优势，违背了公平原则，属于谋取不正当利益；被告人常某在实施对单位行贿犯罪过程中起重要作用。依法判处上海某贸易有限公司犯对单位行贿罪，判处罚金10万元；被告人常某犯对单位行贿罪，判处有期徒刑八个月，缓刑一年。

该案中受贿人屠某某，于2009年11月被阜阳某医院聘为CT室副主任并主持工作。2009年12月至2014年3月，六家医药公司共给阜阳市某医院CT室回扣款130.48万元，屠某某将经手收受的部分回扣款作为科室福利发放给科室部分人员。除以科室名义收受贿赂外，屠某某还独自收受他人贿赂13.5万元。2015年6月，经阜南县人民法院判决，被告阜阳市某医院犯单位受贿罪，判处罚金100万元；被告人屠某某犯受贿罪，判处有期徒刑十年，犯单位受贿罪判处有期徒刑二年，决定执行有期徒刑十一年。

这是一起典型的商业贿赂案件，为了销售产品不惜向采购商行贿，采购方为了个人利益大吃回扣，既影响了市场公平交易原则，也损坏了所在企业的利益。当前，法律法规还不够健全，员工职业化程度不高，公民法律意识还不够强，给这类违法事件提供了生存的土壤。

这些人被判了多少年不是我们最关心的，我们最关心的是他们为什么会违法。在这类案件中，涉案人多为企业老板或者主管级人员，当他们被警方传唤时，行贿者多是一脸无奈。他们心里是这样想的：现在生意不好做呀，大家的产品和服务都差不多，用谁的都可以，这种情况下就要看谁会公关了，公司总要生存啊，不给点好处谁会理你呢？我们也不愿意这样做，这都是被逼的，我们做点生意真难啊！他们认为自己的所作所为只是遵从了"行业惯例"，根本不值得大惊小怪，你们要去抓，一抓一大把，我们就是倒霉撞到枪口上了而已。

受贿的人也有一套理论，他们还认为我采购的东西没有问题，价格和质量也没有违反企业的规定，自己拿点好处不算什么严重的事情。有的人甚至说，这个好处也不是我一个人得了，我也分给下属和领导了。还有的人报怨，自己在公司中累死累活，挣的又少，有了这种机会找一找平衡也是正常的，这些人把对公司的不满，作为可以侵害公司利益的理由。

那么行贿受贿多少钱应当追诉呢？最高人民检察院、公安部发布的《关于经济犯罪案件追诉标准的规定》第八条规定：公司、企业的工作人员利用职务上的便利，索取他人财物或者非法收受他人财物，为他人谋取利益，或者在经济往来中，违反国家规定，收受各种名义的回扣、手续费，归个人所有，数额在5000元以上的，应予追诉。第九条规定：为谋取不正当利益，给予公司、企业的工作人员以财物，个人行贿数额在一万元以上的，单位行贿数额在20万元以上的，应予追诉。也就是说受贿5000元以上，行贿一万元以上，就可能被判刑。

企业中有一些贿赂行为，相对于商业交往上的回扣而言，金额一般不算大，够不上犯罪，但是影响特别坏。例如，有的管理层以走访经销商为名义，接受经销商的钱财或者暗中让对方为自己的消费买单，有的干部以招工、安排工作为由，收取员工及家属给的好处费。这些行为金额不大，非常隐蔽，就发生在老板的眼皮底下，但是可能除了老板不知道，公司内部的人都知道。这些管理层惯用的做法是把好处也分给下属，为的是堵上他们的嘴，让他们与自己同流合污。这种行为的破坏力非常大，一旦公司发现了，要处理的不是一个人，有时是一个部门、一个管理团队。

非法收取员工的钱财是非常愚蠢的行为，因为你就要"照顾"送钱的人，照顾不好就会反目为仇。不送钱的人会被排挤，排挤到一定程度，他就会揭发你，这个问题迟早会暴露。因此，受贿的人为了保护自己，通常会建立攻守同盟，在公司内部形成一个又一个的团伙和帮派，这就是为什么一些公司出现层层包庇、山头林立、团团伙伙、集体隐性不作为等现象的根本原因。

如果一家公司出现内部腐败，客户会对这家公司充满鄙视，暂时合作是迫不得已，一有好的机会就会离你而去；正直的员工也不愿意与这些人为伍，一有机会就会离开公司。时间长了，沉积下来的都是"同伙"，一群侵蚀公司利益的蛀虫，如果不及时"铲除"，总有一天，他们会把公司搞死。

3. 贪污和侵吞的公司资产，为一己之利侵占公司的财产

人的贪欲和管理的漏洞，是造成贪污和转移公司资产现象的主客观原因，过去常见的贪污就是虚开发票，多报销一些费用占为己有，现在是把公司的业务资金直接或者间接转移到自己名下，而且金额越来越大。近年还出现了一些新的犯罪手法，自买自卖公司资源就是其中一种，这种操作手法也就是利用内部信息，将公司要买下的资源，自己先买下来，然后再加价卖给公司，从中谋取私利。比如，在房产中介行业，员工知道公司要在什么地方开门店，就事先买下来或租下来，然后加价卖给或租给公司。有的串通房东，同流合污，内外勾结，一起"黑"公司的钱。还有的人利用与供应商合作的机会，把供应商变成自己的公司或者利益关联公司，自己与自己做生意，最后让公司买单，自己从中谋取私利。

海南亚特兰蒂斯商旅发展有限公司是复星旅游文化集团旗下的一家公司，2018年，这家公司的副总裁与下属合谋，将部分公寓与别墅加价出售给购房者，以此获利近两亿元。2019年，复星国际董事长郭广昌以整肃内部贪腐的名义，将这名副总裁及其两名下属移交司法部门，复星公司称：对任何腐败问题一直坚持零容忍态度，并要求每位员工必须具有遵纪守法的职业理念和诚实守信的职业道德操守。

这是典型的监守自盗，这位副总主管营销，理应遵守公司的价格政策，

与购房者公平交易，最后完成公司业绩目标，但是他们道德沦丧，无视法律，大肆侵吞公司资产。要知道，复星旅游文化集团当年的净利润才只有三亿元。因此，内部贪腐不是一件小事，有时看上去钱不多、事不大，但是如果不及时制止，任其蔓延，让小钱变大钱，小事变大事，最后就能掏空一家公司。

贪腐之人都是贪心无度，藐视法律，心存侥幸。他们把侵吞公司资产当成快速致富的手段，把侥幸心理当成麻痹自己的毒药，有些人看似有很高的学历和文化素养，其实他们就是法盲，在建设法制社会的今天，法盲就是文盲。

二、建立防控机制，不给员工犯错误的机会

1.防控职能不能缺失，风控的事情必须要有人管

防控法律风险是公司的一项重要管理职能。规模化公司或集团公司要成立专门的机构或者部门来履行法律风险防控的职能，百度的"职业道德委员会"、阿里的"廉政合规部"、滴滴的"风控合规部"、美团的"监察部"、万达的"审计部"等，都是专门的法律风控和反腐部门。

值得注意的是，法务部的设置要定位清楚，如果只是聘请一位外部律师帮助公司审核合同，这个法务部就不能管控公司的内部腐败行为。审合同是外控业务，反腐是内控业务。如果公司将法务部定义为公司法律风险防控的归口管理部门，那么最好要配备专职的法律顾问或者法务专员，对公司法律风险实行内外监控。

中小微企业一般没有条件成立独立的专业部门负责此事，但也应将法律风控职能划归到某个部门进行管理，这些部门包括总经理办公室、运营监察部、行政人事部等职能部门，这些部门有计划执行监督、安全生产监督的

职能，再加上法律法规监督，就是公司执行效率与安全防范的归口部门。也就是说，不一定要成立独立的部门负责法律风险防控职能，但是绝对不能缺失，一定要有部门来管理，一定有人在负责。

2.建立职业道德规范，自我约束才是根本

公司规定的职业道德标准是什么？对员工的廉政要求是什么？不可触碰的红线是什么？公司无论大小，都应当有自己的《职业道德规范与行为准则》，把这些基本问题回答清楚，这个规范和准则是简单还是复杂不重要，重要的是一定要有，一定要写得清清楚楚，然后再逐渐完善。

怎么写才算清清楚楚呢？举一个例子，百度公司《职业道德与行为规范规定》在"禁止员工从事非法或者不当行为"条款下，列出了以下行为：违反国家法律法规，违反社会公德，不诚实或者渎职构成的违法行为；多次拒绝履行员工的义务，包括董事长和主管、经理的合法和正当的指令；没有披露与合作方合同之外的附带协议或者私下协议；其他损害公司名誉和损害公司的行为；向公司不实或虚假披露个人经历或者健康情况；在公司授权或者程序之外，对内部同事或者外部合作方进行妄加评论和诽谤。

再比如阿里巴巴《阿里守则》里就明确规定：不得利用在阿里巴巴的工作职位或者身份接受任何私人利益或赠与，包括但不限于回扣、贿赂、私下佣金、低于市场价格的贷款、现金及现金等价物，包括礼券和证券，但在商业往来中获得的一些符合促销要求的礼品除外。任何违反本条款的员工，都会被解雇。

俗话说，丑话说在前头。员工从学校或者其他单位来到一家公司，他们多数并不清楚公司要求的道德底线和行为准则，甚至有的人没有接受过法制教育和行为规范引导，加之自身带来的原来企业的不良习气，如果没有入职期间的职业道德规范与行为准则教育，就很容易触犯法律、法规和公司的规章制度。作为一家企业，就必须要有自己的行为道德规范准则，从员工入职

的第一天开始，就应该作为最重要的制度和文化，组织员工认真学习，一定要让员工在自愿的基础上签署《职业道德承诺书》。

3.建立风险防控和惩戒制度，让腐败行为付出惨重的代价

在《职业道德规范和行为准则》这个大制度的统领下，要制定配套的专项制度、实施细则和管理办法，构建一整套法律防控风险的制度体系，比如《重大经营风险与安全生产事故预警与汇报制度》《避免利益冲突制度》《反腐倡廉举报制度》《内部审计制度》等。同时要把制度落在实处，建立和运行具体的操作办法，比如如何鼓励和方便外部人员举报公司内部人员的腐败行为？首先要在公司网站、微信公众号、官方微博等一切对外窗口公示公司的举报制度，介绍举报的具体方法；其次要向重点的大客户或者合作机构发出公函，说明公司的反腐决心，公开反腐制度，明确举报方式。

腾讯为了落实《阳光行为准则》制度，在官网公示了很多信息。

腾讯信奉正直、进取、合作和创新的价值观。其中，为宣扬正直的价值观，我们制定了相关制度，采取了一系列措施，以预防、发现及阻止贪腐或任何违反公司正直价值观的行为。腾讯的全体员工均需严格遵守《阳光行为准则》（以下简称"阳光准则"），阳光准则明确禁止各种类型的贪腐、舞弊以及任何不符合法律法规的行为。

我们制定了《反舞弊举报制度》，向全体员工明确传递腾讯对贪腐和舞弊行为零容忍的信息。我们鼓励所有员工及供应商、业务合作伙伴，通过以下方式举报涉及腾讯员工的任何已经发生或可能发生的贪腐、舞弊及违规行为。

举报邮箱：jubao@tencent.com

微信公众号：阳光腾讯（tencentsunshine）

举报电话：+86-755-86013470（留言电话）

信件及资料邮寄：中国广东省深圳市南山区海天二路33号腾讯滨海大厦腾讯集团反舞弊调查部

我们鼓励您举报时留下您的姓名和联系方式，以便我们与您取得联系，获取更多信息，以利于全面开展调查工作。同时我们也保证，提供有效举报信息的匿名举报同样会得到认真处理。我们已采取相关保密措施，保证您的身份和您提供的信息不会被公开。

我们不希望任何人杜撰、捏造事实，或恶意攻击、诽谤腾讯员工，如发现上述行为，腾讯集团将保留追究其责任的权利。我们严厉禁止以任何形式报复举报人、证人及调查人员，如存在上述行为，腾讯集团将严厉查处。

温馨提示：如果您想对腾讯相关业务进行咨询及投诉，建议您通过腾讯公司客服渠道进行反映，您的问题或咨询将得到更快的帮助。

这就是既有制度，又有运营机制，既有规定，又有具体操作方法，我们的风控体系才能逐步建立健全，才能起到防患于未然的作用。

在商业机密的安全管理上，我们也要采取一些具体的措施。将信息划分为不同的保护级别，在服务器和电脑上设置授权和访问权限；将工作场所划分工作区与上网区，工作中不连接外网；所有计算机封闭对外接口，包括蓝牙、USB、光驱等；所有计算机安装后台操控软件，监督所有计算机的操作行为；重点工区安装摄像头，实时监督违法违规行为，并可以随时调取证据；明确安全信息，与有关人员签订《保密协议》与《同业竞止协议》。

在职业化建设比较好的公司，员工能够欣然接受这些防范手段，但是在职业化建设处于初期的公司，员工对这些防范手段会有些反感，甚至是抵触的。这需要我们给员工讲清楚其中的道理：公司的制度不是为你一个人制定的，更不是针对你，而是要求所有人都要遵守。保护公司的技术机密和商业机密，也就是保护我们的赖以生存的核心优势和技术资源。公司采取防范措施，是所有规范化公司采取的正常的操作手段。信任不能代替防范，情感不能代替检查，一码归一码，这就是职业化阵痛当中所要经历的心理历程。

目前，国家开始注重建立公民和企业征信体系，一些违反公共道德，被记录劣迹的人，一些拒不执行法院判决，企图拖延的"老赖"们，都被禁止贷款、坐飞机、坐高铁等，这些措施非常有效，许多"老赖"一旦知道自己上了"黑名单"，就立即还钱。现在一些行业也开始建立联盟，构筑社会风险防范机制，这是一个非常好的趋势，比如由京东、腾讯、百度、美团点评、字节跳动、360、新浪微博等数十家知名企业组成的"阳光诚信联盟"，旨在合力加强企业内部腐败治理，承诺拒绝录用违背职业道德的失信人员。如果联盟中某家成员企业的员工出现违背职业道德的行为，录入失信名单后，再去其他企业中求职，都会被拒绝。截至2018年3月，整个联盟的成员单位已达124家，员工总数达百余万人。

法律法规的制定、社会信用体系的建立、公司制度的完善、公司培训与教育活动的开展等多种因素的作用，最终都将提高人的职业化素质。

三、全员法制教育，让法规意识深入人心

1.老板首先要有法制意识，"水清则无鱼"是一种极其糊涂的观念

我们在给企业做咨询的时候，发现一个奇怪的现象：员工有一些不良习惯和毛病，甚至有一些已经涉嫌违法，比如虚开发票、偷拿公司货品、私自扣下给客户的礼物、套取公司加班费、采购时拿回扣等，公司的老板早已察觉，有些甚至已经掌握了证据，但是他们对此睁一只眼闭一只眼。这些老板认为，犯错的员工身处关键岗位，有的是自己的亲属，如果因为这点小事把他们开除了，或者处罚了，会影响公司的业务，也会伤了情面。甚至有的老

板还说："拿就拿一点吧，反正平时我们的工资也不多，这样他们心里能平衡一些。即便是处理，也是私下沟通，当面警告一下，让他们以后多注意就算了。"

这些老板还拿出"水清则无鱼""浑水好养鱼"等话语，给自己的放纵态度做辩解。每当我遇到这样的老板，我会反问一句话，"浑水"里能养出什么好鱼？名贵的鱼从来都不生活在浑水里，而是生活在清澈的山泉小溪里。

这是一个极端错误和非常愚昧的观点，如果一味地纵容这些违法违纪的行为，令其在公司当中肆意横行，就会导致是非不清、良莠不分、监守自盗，并有可能逐步掏空公司，真到了东窗事发不得不抓的时候，就会追悔莫及、悔之晚矣。

早在2013年年初，华为总裁任正非就在董事会自律宣誓大会上指出，公司最大的风险来自内部，"必须保持干部队伍的廉洁自律"。他曾经强调，没什么可以阻挡华为公司的前进，唯一能阻挡的"就是内部腐败"。他在内部讲话中也多次表示，如任由腐败发生，不在制度上做更多改进和强化教育，公司就会走向灭亡。2014年，华为企业业务部再次提出"已经走错一步"的员工可主动申报违法所得，并称其是"自我救赎的唯一途径"。华为认为，坚决反腐不仅是对员工的前途负责，更是为了维护更多合作伙伴的正当权益，让所有员工和合作伙伴获得阳光透明、公平竞争的发展机会。

许多行贿受贿行为都是老板组织实施或者默认的，我们来看一个案例。上海市第三中级人民法院（以下简称法院）曾公开宣判一起侵犯商业秘密罪案件。西能化工科技（上海）有限公司（以下简称西能公司）是一家从事化工科技领域技术开发等业务的企业，自主研发了物理膨胀微球（下称微球）的技术配方，该技术配方属于西能公司的商业秘密。2013年3月，西能公司委托被告单位某化工公司代加工生产微球，同时签署协议约定，在委托加工期间及合同终止后五年内某化工公司不得自行检测、研发微球技术信息，不得生产销售相同或近似的微球。

2015年11月，某化工公司违反与西能公司的协议，自行研发生产微球，且在以不正当手段获得微球配方后，解除了与西能公司的委托加工关系，自行组织生产、销售与西能公司类似的微球。原西能公司副总经理、被告人陈某某，明知西能公司所拥有的微球技术信息和经营信息系商业秘密，仍将微球的配方内容泄露给某化工公司用于生产，并在任职期间及离职后，将涉案微球销售给西能公司客户。

法院经审理后，以侵犯商业秘密罪分别判处被告单位某化工公司罚金1900万元；判处被告人陈某某有期徒刑三年，缓刑五年，并处罚金510万元；判处顾某某有期徒刑三年，缓刑三年，并处罚金460万元；判处王某某有期徒刑三年，缓刑三年，并处罚金460万元。

之所以有行贿，一定是有受贿，受贿方是一家企业，这家企业老板毫无法律意识，在对方送来产品配方并讨要好处时，没有采取拒绝、举报等正确行为，而是为了获取私利，与行贿人串通一气，共同侵害委托方的利益。如果老板都拿违法不当回事，那么员工会怎么样？这家公司会怎么样？最后自己会怎么样？

其实员工出了问题，根源都在企业。有的公司已经把行贿受贿当成正常的经营手段，甚至对于某些企业来讲，好像不行贿就做不了生意，行贿简直成了一家公司的核心竞争力。有的公司从老板到业务员最大的本事就是找关系、走后门，而不是依靠产品与服务的实力取胜。

行贿的方法看似简单、直接、有效，但是属于违法行为，还违反公平竞争原则，不可持续，有很多后患。后患一，员工会抓住公司的把柄，一旦公司与员工关系紧张，员工就会拿这些事件来要挟公司；后患二，依仗行贿的手段做生意，公司永远没有核心竞争力，一旦市场形势发生变化，或者供应商发生变化，企业就会直接失去客户和收入；后患三，随着社会文明的进步，法制环境的改善，不正当竞争将会受到打击和抑制，一旦东窗事发，所有的经营成果和当事人的命运都将毁于一旦。

中国的企业家应该反思，我们的核心竞争力到底是什么？我们的持续竞争优势到底在哪里？什么是一时的投机取巧？投机取巧的后果是什么？如何做才能实现基业长青？基业长青的根本在哪里？随着中国法制建设的不断进步，靠不正当竞争手段获胜的概率将会越来越小，如果我们还没有将企业的竞争优势放到技术创新、服务升级、管理提效和团队建设上来，企业会有希望吗？

公司董事会、董事长、总经理必须要旗帜鲜明的提出，在公司无论职位高低、资历深浅、关系厚薄，每个人都必须遵纪守法，谁要是侵害公司利益，公司会六亲不认，哪怕倾家荡产，也要一追到底，绝不姑息迁就，公司对内部腐败行为的态度只有三个字——零容忍。

2. 开展全员法制和道德教育，这是企业文化建设的第一课

俗话说的好，不怕贼偷，就怕贼惦记。再好的防范制度和机制，也不能防住那颗贪婪的心，因此从人的内心当中树立起对法律的敬畏感、对涉嫌违法事件的警觉意识，保持对法律风险的预见性、判断是非的原则性，让员工内心当中永远有一条不敢逾越的红线，永远觉得头上有一把达摩克里斯之剑，法制意识的确立是最终防止内部贪腐的根本保证。

《阿里巴巴员工守则》中关于"关键信条"是这样描述的：如果正确处事之道总是非常明确，那固然是好，但在现实的商业世界中，事物的正确与否并不总是十分明了，如果您在无法判定何为正确事物，或者评估正确形式存在困难的情形下，请谨记先问自己以下几个问题——我的行为是否符合并体现阿里巴巴集团的核心商业价值观？我的行为是否符合阿里巴巴集团最大的利益？我的行为是否合法？一个具有高度法制意识的人会这样做吗？

人的意识改变，是通过闻、思、修三步走实现的。闻，就是听到、知道；思，就是反思，在《阿里巴巴员工守则》中，当员工无法判断是非的时候，对自己提出的四个问题就是反思；修，就是真正去执行，在执行当中再一次

去理解和领悟。

无论什么行业，无论企业大与小，无论制度化建设是否完善，法制教育是所有企业必须做的一项基础管理与文化建设工作。有条件的大中型企业，要形成法制教育的基本体系，有计划，有教材，有专人负责，有组织实施。没有条件的小微企业，老板可以邀请法律人士到公司，结合实际案例，给大家讲讲公司犯罪的几种情况，以及法律的处罚规定。自己也要经常对员工进行法制宣传，一定要让团队知道，我们这家公司是有道德底线的，遵纪守法是我们最基本的职业要求。

当然，最好的教育就是用发生在身边的案例，来教育全体员工。2019年7月，小米处理了两起内部员工违规舞弊的事件。其中，原中国区市场部员工郝亮，利用职务便利将公司业务交由其近亲属持股的公司承揽，损害公司利益；原中国区市场部员工赵芊，利用职务便利向合作供应商索要好处费，数额较大，损害公司利益。由于这两名员工违反了《小米员工反腐公约》《员工手册》《小米公司利益冲突管理制度》的相关条款，小米公司决定对其辞退并永不录用，要求其退还不当获利，没收全部期权，加入员工不诚信黑名单。此外，对涉嫌违法的人员移交公安机关处理，赵芊因违反《中华人民共和国刑法》第一百六十三条中"非国家工作人员受贿罪"的相关规定，已被公安机关拘捕。

建立健全法律风险防控制度，实施运营防控管理体系，对当事人追究法律责任等，能起到一定的限制作用，但是从根本上解决不了泄露商业机密、行贿受贿、贪污和侵犯公司资产的问题，要消除或者减少这些现象，最终需要改变人的思想，转变人的意识，从内心中树立职业道德标准和法制意识。因此，教育要坚持不懈，企业要警钟长鸣。

许多企业问我企业文化培训的第一课是什么？是不是应该给员工讲解我们公司的愿景、使命、核心价值观？我说这些放到以后讲，先讲企业的职业道德规范，先给员工上法制教育课，在培训之后让员工在《职业道德公约》

和《公司反腐倡廉制度》上签字并承诺自觉遵守。职业道德和法制意识是企业文化的基石，是企业文化金字塔的底层，如果这个底层不牢固，那么我们建立的那些愿景、使命、价值观就都是虚无的，或者总有一天会崩塌。

四、职业道德的修炼

法律是道德的底线，只有做到不违背道德，才能避免触犯法律，如果职业道德修炼得很好，就不会出现违法行为，所以预防违法犯罪最佳的手段是职业道德教育与职业道德水准的提升。

职业道德是人们在履行职业义务、从事职业活动当中，自己与他人相处所遵循的基本行为准则，是职场人士区分善恶的主观判断标准。良好的职业道德应当是坚守正直、善良、公平、共赢的处事原则，职业道德的核心价值观依然是契约精神，职业道德修炼是一个人的职业修养和自律能力提升的重要过程。

2008年奥运会前夕，有些人对郎平去美国女排执教感到不满，他们认为中国的教练不应当去培养对手来和自己对抗。郎平对自己是中国人却率领美国队在奥运赛场上与中国队对抗并不感到奇怪，她认为自己能担任美国女排主教练是一种国际认可，这说明中国排球的技术水平得到了世界体育强国的尊重。

什么是职业道德？信守承诺，维护委托方的利益，坚守契约精神，这就是职业道德。作为职业教练，只要代表某个国家参加比赛，就要履行对这个国家的承诺，为其争取最好的成绩。当年郎平的身份是美国女排的教练，她当然要打败所有的对手，包括自己曾经效力的中国队，她要履行对美国承诺。在2008年奥运会上，郎平率领美国队在我们的家门口战胜了中国队。后来，郎平又重掌中国女排的教鞭，并在2019年9月女排世界杯比赛中，带领中国队以3比0战胜美国队，最终卫冕冠军。

那么在企业中，哪些行为是违背职业道德的呢？为什么有的人出工不出力，出力不出活呢？为什么有的人对新人百般刁难和排挤呢？为什么有的人离职之后还说原来雇主的坏话呢？这些不一定是违法行为，但是有悖于善良、正直、守信、共赢的职业道德准则，属于不道德的行为。

如何修炼、改变和提高员工的职业道德素养呢？因为不同的企业情况不一样，我们以占多数的中小型成长企业为坐标，来阐述职业道德的问题，中小企业的特点是职业道德意识相对薄弱、员工的职业道德水平相对较低、职业化建设处于初级阶段。下边我们从员工、管理者、老板三个层次来分别阐述。

1. 员工违背职业道德的五种行为

（1）消极怠工不出活

懒惰是人的本性之一，如果一家公司考核机制不健全、统计功能不强大、监督机制有漏洞，一些不自觉的员工就会钻空子、消极怠工，以至于出工不出力，出力不出活。本来两个小时可以做完的报表，要磨磨蹭蹭四个小时，做出来的报表还不合格。本来一个小时的设备维修，磨磨蹭蹭两个小时，因为早修完又要被安排新的维修任务。本来三个小时就能做完的方案，磨磨蹭蹭一整天，到了下班跑得比谁都快……每个人的劳动生产效率都是用单位时间创造的业绩和价值来计算的，一个人消极怠工，就是拿着公司的钱，不为公司做事，这是最基本的职业道德问题。

（2）抗拒命令不服从

下级如果认为上级下达的命令既不合法，又不合理，可以拒绝执行，但是必须要向更高一级领导反映问题或者申诉，以公司的价值观、制度来判断是否合理。如果上级下达的命令合理合法，那么就要毫无理由地坚决执行，不抵制，不迟疑，不散布谣言，不动摇军心。销售经理通知所有人早上9点必须到岗参加晨会，有一个员工就是不参加，还说把业绩做好就行了，那个晨会没有什么意义；质检经理安排一名质检员去听取客户意见，提供改进方案，确认改进计划，处理好客户投诉，但是质检员不愿意去，他认为质量问题是生产部门造成的；行政副总安排司机去接一位客户，这位司机就是不去，还谎称自己有别的事情，因为他是老板的亲戚，认为自己在公司是特殊人物……领导根据计划或者规则，发布行动的命令，是一个组织能够维系正常运行的基本工作方式，如果有令不行，整个计划和规则就会被打乱，组织的整体运行就会受到阻碍。一个员工不能服从领导的安排，就是对公司工作的阻碍和破坏，其本质上也是拿着公司的钱，损害着公司的利益。

（3）江湖义气无原则

这样的员工把同事当成自己的兄弟、闺蜜，遇到问题后不是以公司利益为原则，而是以江湖义气为原则。在人格确认上，首先把自己当成了小团伙的人，而不是当成公司的一名员工。比如一位收银员看到同事把零钱据为己有，不上交公司，而自己默不作声，因为她们是小姐妹，闺蜜之间不能告密；一位安全员看到一个员工违规吸烟，却视而不见，因为那个员工是他的铁哥们，在哥们义气和公司安全制度之间，他选择了前者。照顾了兄弟姐妹情谊，却损害了公司的利益，保留了小团伙的好处，却损害了大家的利益，因为心中没有原则，没有将客户和公司利益放在第一位。

（4）拿着工资干私活

有人上班时打游戏赚钱，有人以拜访客户为由回家处理私事，有人利用职务之便私下收取客户的好处，有人上班时间在网上接私活、赚外快……要么你就拿公司的钱，只为公司做事，要么你就辞职，专心致志做自己的生意。最不讲职业道德的行为就是拿着公司的工资，占着公司的资源，用着公司的时间，却给自己做生意。

（5）相互攀比不自省

不希望别人比自己好，嫉妒别人比自己好，不反省自己的问题，不研究自己进步与突破的方法，总是不停地攀比、抱怨和质疑，既破坏了同事之间的团结，又降低了自己生命的能量，耗费了宝贵的职业时间，这是一种非常愚蠢的思维方式。比如，有的人就会认为，都是一起进公司的人，为什么他的工资比我高？为什么新来的人年龄比我小，薪水却比我多？为什么领导给我安排又累又不容易出业绩的活，某某却如此轻松……看到别人的好，应该有随喜之心；看到别人比自己高明，应该反思再奋进。一颗善良的心，一颗淡定的心，一颗不外观只内求的心，是不断觉悟出来的。

根据上面五种行为，我们总结了员工职业化修炼"五要五不要"。

要珍惜光阴，不要消极怠工。

要服从命令，不要无理拒绝。

要坚守原则，不要哥们义气。

要感恩公司，不要损公肥私。

要随喜他人，不要嫉妒攀比。

所谓修炼，一是时常反省自己，看看哪里出了问题，找到原因和方向；二是遇到困惑时，用公理道德判断一下，是与非，善与恶，就会清清楚楚。

2.管理者违背职业道德的五种行为

（1）遇事推责任，寻找借口和理由

管理者最重要的存在价值是独立地承担责任，把为下级部门提供结果当成自己的本职工作。我们时常看到一些反面的例子，销售业绩不佳，销售部长就埋怨生产部长没有提供合格的产品，生产部长就埋怨采购部长没有采购优质的原料，采购部长又埋怨财务没有提供足够的资金，财务经理又埋怨销售经理没有及时回笼资金。这是一种典型的依赖人格，遇到问题时总是向外寻找很多的借口和理由，就是不从自我出发进行反省，不进行自我改进。中层经理是公司业务链条的承担者和连接者，一个部门的工作会影响其他部门的工作，所以正确的解决方式应该是遇到事情要独立担负起自己的责任，少说别人的不是，多找自己的不足，大家各自完成，分头改进，问题就会迎刃而解。

（2）不会带团队，工作方式落后

中层经理区别于员工的最大特征应该是具备领导力，能够带领团队做结果，发挥团队的能力，而不是自己代替大家做事情。但是，许多中层管理者要么态度粗暴打压员工，要么拉拢和讨好员工，要么把团队扔在一边不理不睬，让团队自生自灭。这些都不是带团队的好方法，正确的方式是给目标、教方法、搞训练、勤检查、多激励，最后成就员工，也成就了自己。

（3）管理水平不高，还拒绝学习

许多中层经理都是从普通员工当中走出来的，因为他们做员工的时候业绩优秀，所以公司认为他们也会做管理，能够当领导。其实不然，管理岗位需要很多特殊的理念训练和技能训练，比如如何建立部门管理系统，如何制定计划和分解目标，如何设计简单的管理工具提高办事效率，如何做好统计和数据分析，如何建立信息平台实现信息共享，如何发现员工心理问题并及时沟通解决。靠以往单纯的业务工作经验是不可能解决这些问题的，中层经理需要正视自己的不足，然后不断学习。但是有些中层管理者，在不断变化的时代，还在用落后的方式管理部门，公司花钱让他去学习，他还不愿意去。因为在他内心中，对学习新知识和新方法表示怀疑，对用科学手段代替原有经验存在恐惧，所以本能地拒绝学习，浪费公司的资源，阻碍公司的进步。

（4）本位主义严重，缺乏合作精神

部门经理有一项非常重要的工作任务，就是与其他部门进行良好的合作，以保证公司业务的顺利开展和目标达成，但是在这些配合方面某些部门经理做得并不好。第一种表现是认为"我是对的，你们是错的，所以我不跟你们合作"。第二种表现是遇到问题后，谁都不担责、不出头，等着老板来拍板。第三种表现是"你不督促我，我就不主动配合你"。

我的部门是最重要的，我的意见才是对的，这种自以为是、唯我独尊的心态是部门配合不到位的根本原因。中层经理之所以重要，不仅仅是承上启下，而且还有左右衔接。如果不能把为其他部门提供合格的结果，当成自己本职工作，那么他就不是一位合格的中层经理。具有良好职业道德和素养的中层经理，一定会把为其他部门提供结果当成自己的本职工作，他本身就有强烈的内部客户意识。在协作当中，永远会主动提供合格的结果，当然他最终会受到大家的尊重和赞扬。

（5）善于欺上瞒下，经常弄虚作假

缺乏职业道德的管理者有一个突出的表现就是欺上瞒下、弄虚作假。施工现场出现了严重的工伤事故，项目经理不向公司如实汇报，还威胁员工要"保守秘密"，否则谁也别想得到项目奖金，最后甲方发出了安全警告，总经理才恍然大悟。有一家供应商的产品明显不合格，但采购部长为了蝇头小利，与供应商串通编造资料，蒙骗公司招标领导小组，最后是合作伙伴告诉公司，才算真相大白。人可以出错，出错就承担责任，然后诚恳改错，最没有道德的行为就是出了错以后掩盖真相、蒙骗他人，企图保住自己的既得利益，而不惜为公司埋下潜在隐患，或损害公司和他人的利益。

根据上面五种行为，我们总结了管理层职业化修炼"五要五不要"。

要承担责任，不要推诿扯皮；

要会带团队，不要任性管理；

要研究管理，不要拒绝学习；

要积极配合，不要本位主义；

要诚实坦荡，不要欺上瞒下。

加强职业修炼，提高管理水平，带好手下的员工，做好部门间协作，完成上级的指令，中层管理团队才能真正称得上是一支具有良好职业道德和职业水平的中坚力量。

3.老板的违背职业道德的两个行为

老板是一个职业吗？当然是，从公司治理结构上讲，总经理也是一个职业，负责公司全面管理工作。董事长是一个职业，受董事会的委托行使重大事项的决策权并对外代表公司。实际上股东也是一个职业，要尽出资的义务，要承受投资的风险，要对公司发展和重要事项做出正确的决策。

老板一般都是企业的创始人，他们目光敏锐，勇于冒险，坚韧不拔，善于应变，具有超强的适应力和人格魅力。在创业之初，这些人要对企业的生存和发展起到决定性作用，等到企业发展壮大以后，如果老板不把自己的职业化提升到一定的高度，安于现状，过分自信，依旧用过去的成功经验来领导公司，我们会发现很多企业走向成功之时，不是停滞不前，就是开始走向衰落，所谓成也萧何，败也萧何。

（1）自己富裕，不顾他人

作为创业第一代的老板，最初的梦想都是要摆脱贫困，实现财富自由，这是无可厚非的，也是当初创业的精神动力源泉。当企业具备了一定规模以后，老板有了一定的社会地位，获得了一些财富，就小富即安，自我满足，而忘记了奋斗的第二个目的——带领共同奋斗者，与自己共创共享财富。

当自己成了许多人羡慕的对象，甚至崇拜的偶像时，开始追求外在的虚荣，开始攀比财富、攀比地位、攀比圈子，这是一种极度外求的表现，需要用别人的赞美来满足自己的精神空虚，不再思考未来，不再超越自我，过早地沉湎于享乐，而失去了拼搏的精神和利他的初心。

增长见识的最佳途径就是学习，但是由于思想保守、害怕改变，一些老板内心中抗拒学习，他们以自己具备成功经验为借口，不愿意接受现代企业管理教育，年龄越大，思想越固化，结果一直处在低水平、低效率，自己很辛苦，企业发展陷入窘境。

这其中有两个突出表现，一是贪恋权力，不授权，二是过于自私，不分钱。为什么呢？因为害怕，怕权力下放以后控制不住，怕钱分了而没有收获。这就是不学习造成的愚钝，他不知道授权与监督的制衡理论，也不懂得钱散人聚、人聚钱散的道理，更不懂得践行这些理论的管理体系、工具和方法，比如运营管控操作体系和薪酬绩效与股权分配机制，结果还停留在过去的落后的管理阶段。

比如，许多老板的企业规模已经不小了，但每天都要蹲在现场，盯着员工，代替中层经理抓工作，什么事情都必须经过老板的同意。这种管理方式效率低下，漏洞百出，企业对老板个人产生严重的依赖性，再往前发展就非常困难。如果他能够懂得职责商定靠谈判，利益分配靠契约，流程操作靠运营，信息反馈靠统计，老板决策靠数据，那么就会解决效率和风险之间相互矛盾的问题。

任正非说，钱给到了，不是人才也是人才。华为员工的收入相对于同行的确很高，但是他们付出的是超乎常人的努力，收获的是惊人的成就。许多老板不学习，不是舍不得花钱，就是乱花钱，没有分辨能力，吃亏之后才懂得去学习。

学习，也需要见识，否则就会饥不择食，投错了学习的方向，一些老板投靠所谓的成功学大师，被心灵鸡汤灌得迷迷糊糊、神魂颠倒，花了巨额学费之后却发现竹篮打水一场空。除了填补一时的心理空虚之外，那些无比正确的废话不能落地，解决不了实际问题。这都是一些感性的做法，不是科学管理的手段，其结果就是财散了人没聚，或者人聚了一时而没有走长远。

突破格局需要勇气，学习应用需要悟性，既要有千金散尽还复来的气魄，又要有薪酬体系与股权制度的科学设计。在自己实现财务自由的基础上，把更多的财富分配给那些创造者，用机制激励员工，与股东共享财富与成就。

（2）个人专权，过于权谋

2020年新型冠状病毒肺炎疫情期间，有一个企业的老板，在中层经理会议上说："公司现在非常危险，现金链快断了，你们看怎么办？"中层经理纷纷表示，可以减少自己的薪水，与公司共度难关，老板非常满意，但是员工知道减薪的消息后就炸锅了。员工们普遍认为中层经理挣钱多，减薪也能应付生活，我们本来挣得就少，如果再减薪，无法维持正常的生计，恐慌的气氛在公司蔓延，许多员工都准备辞职。这时候老板又突然宣布，员工的工资一分钱不少，全额照发。当副总问他为什么要这样做时，他说："当人们感觉绝望的时候，突然再给他们希望，让他们感受突然来临的幸福，这时他们就会对你感激涕零。"员工真的感激涕零了吗？没有，他们认为公司纯粹多此一举，全是虚情假意的套路，反而对公司之后做出的决策产生了戒备心和不信任感。这叫偷鸡不成，反蚀一把米。

老板一定要懂得，要想企业获得成功，就必须把员工对自己个人的信任，变成对自己价值观的信任；把崇拜自己的个人魅力，变成对公司理念的信仰。用坦诚、平等、尊重的态度对待员工，而不是把员工变成挖空心思算计的对象。一个老板，内心当中把员工看成什么，能够直接体现出老板的思想境界和经营层次，把员工当成笨蛋，就是嘲弄之心，把员工当成工具，就是利用之心，把员工当成伙伴，就是平等尊重、合作共赢之心。

当然，也不能走向另一个极端，就是毫无原则地讨好员工，通过哥们关系去拉拢感情，自己在员工面前毫无尊严和威严。这些都是人治的思想，是封建思想的残余，现代企业制度和新的商业文明告诉我们，老板和员工就是平等的契约关系，是合作伙伴关系，既相互尊重、相互信任，又相互制约、相互提醒，追求共生共赢。

有一家企业由于计件工资方案没有提前设计好，结果到了兑现的时候，发现个别员工的收入很高，老板就不想认账。什么叫诚信？说到做到就是诚信，兑现承诺就是诚信。答应员工的事情，话说出来了，就要如期兑现，否则将失去人心。况且员工多挣，企业也会多挣，是双赢的事情，方案是我们研究制定的，员工多劳多得就没有过错，谁的过错谁来担。正确的解决方式应该是把现有的承诺兑现了，然后拿出事实和数据与员工共同协商，重新制定一个更加合理的计件工资方案，再按照新方案严格执行。

从表面上看，这是一个分配制度问题，是一个利益博弈问题，但本质上是价值观问题。是担当重要，还是面子重要？是守信重要，还是小利重要？是坦诚重要，还是小聪明重要？老板要仔细权衡。

根据上面两种行为，我们总结了老板职业化修炼的"两要两不要"。

要追求卓越，不要小富既安；

要坦诚尊重，不要耍弄权谋。

作为民营企业，老板的法制意识决定员工的法制意识，老板的职业素养决定员工的职业素养，老板的人格高度就是企业形象的高度，老板的自我修炼境界就是企业发展的境界。职业道德不能仅仅讲给员工听，作为老板，我们本身就是问题当中的一部分，而且是最重要、最核心的一部分，我们的法制思想意识与职业道德水平就决定了自己的职业人生，也决定了员工的职业人生，更决定了公司的命运。

第六部分

角色转换
——职业的思维训练

我们是否注意到身边的一些现象，英语老师教不了自己的孩子，只好送到其他英语老师那里；钢琴老师也教不好自己的孩子，只好送到其他钢琴老师那里；语文老师也教不了自己的孩子，只好送到其他语文老师那里……你再数一数，身边这样的事还真不少，自己的孩子自己教，大多数会教不好。这是为什么呢？因为家长与老师是两个不同的职业角色，一般人不可能实现瞬间转换，角色不能转换，就容易出问题，作为老师要对孩子严格要求，作为父母就会心慈手软。

职业化方面出了问题，绝大多数也是角色扮演不好的问题，不是角色没有认识清楚，就是角色没有转换过来。从某种意义上讲，职业化训练就是正确地扮演好自己的职业角色，在不同的场合，依据不同的规则，扮演好自己的角色。

有一天，销售部经理来找总经理："我们有一个客户经理最近有离职的想法，原因是对公司的奖金制度不满意，认为提成太少了。"总经理回答说："我们的奖金分配比例在行业内是最高的，如果他还觉得不满意，那就让他走吧。"销售部经理说："怎么能让他走呢，他是我们公司的业绩冠军，离职会对我们的业绩产生影响的。"总经理看了看销售经理，接着问："你找我的原因是什么？是想让我改制度，还是让我去与那位业绩冠军谈话？"销售部经理知道总经理有些生气了，赶紧说："没有什么，我就是反映反映情况。"这句话差点没把总经理气晕过去，公司聘请销售部经理是来解决问题的，而不是提问题的。

部门经理应当是"反映问题的人"，还是"解决问题的人"呢？这是完全不同的两种角色认知，角色认知错了，行为就错了，结果就错了。如果把自己定位为解决问题的人，那么这个事情就不应当向总经理提出，按照公司的制度在部门内部自行解决；如果确实需要请示领导，或者需要领导帮忙，也应当提出几种解决问题的方法，让领导选择。这都是把自己当成"解决问题的人"，而唯独不能做的就是只给问答题，不给选择题，或者只向领导汇报问题，不给出具体建议，这些行为的背后就是这位中层经理把自己当成了问题的传达者，而不是解决者，这是角色认知的错误。

在企业中，许多管理者始终找不准自己的角色。他们没有把自己当成责任人，而是当成了圈外人；没有把自己当成领导者，而当成了执行者；没有把自己当成问题的解决者，而是当成了问题的评论者。角色认知错误，行动一定错误，纠正这种错误的训练，就是定位角色的训练，就是职业化的思维训练，是我们的必修课。

如何修炼自己的角色认知意识呢？方法就是把"这是两码事"搞明白了，这个修炼就成功了——凡事摆正位置，没有必然联系的事，必须分得清清楚楚，一码归一码。

每个人都有自己的角色，父母、儿女、妻子、丈夫、朋友、同学、邻居、情人……这是生活中的角色；领导、下属、同事、客户、合作伙伴……这是工作中的角色。因此，我们先把自己的角色分两大类，就是"生活中的我"和"工作中的我"，这是一个基本的职业化角色划分。

我是谁？这不是一个简单的问题，很多人可能一生都没有找到答案，所以有些人称之为人生哲学的终极问题。在职业化修炼当中也一样，我们要经常问自己——我是谁？把自己的角色搞清楚了，我们的行为才能职业化，我们才能做正确的事情。

为什么有的官员敢对老百姓破口大骂，因为他没有把自己看成是人民的公仆，而是看成了人民的父母；为什么顾客已经站在柜台前，却没有人搭理，商场里的服务员都在一起聊天，因为此时她们没有把自己当成服务员，而是当成了一起聊天的朋友；为什么有的销售员辞职了，把客户的单子都带走了，当公司质问他时，他却说客户是自己的，因为他们没有搞清楚，他们不是客户资源的拥有者，而仅仅是客户资源的使用者……这一切都是因为没有从"生活的我"转变成"工作的我"。我们的角色已经发生了转变，可是我们没有意识到，这就需要修炼，一直修炼到自我觉察，修炼到自己的潜意识中，修炼成条件反射。

怎么修炼呢？给大家介绍"九九归一"法，就是区分好"九个不同，九个两回事"，达到一个目的——分清"生活的我"和"工作的我"。

一、别人和自己是两回事：他是他，我是我，别人的问题不是自己做不好的理由

一位员工刚入职不久就想辞职了，他给总经理写了一封辞职信，信中说："我不知道我们部门领导是怎么提拔上来的，我也不知道他与你有什么关系，我觉得他不适合领导我，因为他根本就不懂业务。我问他业务上的事，他基本上只说自己去解决；我要请示他一件事，他就会说自己看着办

吧。我不知道每天该干什么，也不知道什么叫干好，什么叫干坏。昨天我问他，给客户的合同看过了吗？他却说看不看是他的事，不用我管。合同已经给他三天了，他还不回复，估计是他没有看或者看不懂。我不愿意在这样的领导手下工作，我要走了，我受够了……"

我们相信这位员工说的是事实，但领导无能就是你辞职的理由吗？遇事应当这样思考：他无能是他的事，他无能不是我不工作的理由，他是他，我是我，这是两回事。领导懂不懂业务不重要，我懂业务就好；领导会不会指导不重要，我知道什么是目标就好；领导能不能够给我办法不重要，我自己可以去找；领导批不批合同不重要，我可以提醒，最好是给他讲解清楚，让他决策有依据。我每天都有收获，我每天都有进步，我为客户做的一切都是最好的，最终是客户给我发工资。我不是冲着某个领导来的，我是冲着公司来的，你不管我更好，让我有更充足的空间创造和成长。他是他，我是我，别人与自己是两回事，我做好自己应当做的，这才最重要。

许多情况下，我们经常生活在别人的影子里，把别人的错误言行当成自己做事的理由。他那样做，所以我这样做，一旦自己出现错误了，就拿别人当挡箭牌，他错了没事，为什么我错了就不行。在公司中，我们经常会听到这样一些议论：别人开会能晚来，我为什么不能？别的部门迟到没事，我们部门为什么要罚款？都干一样的活，他凭什么奖金比我多？领导凭什么提拔他，我哪点不如他？为什么不干活的人不挨批评，干活的人总是受罚？

人人都在攀比，人人都觉得不公平，这种不职业化的心态，造成了公司管理中的许多麻烦，领导每天都在平衡各种关系和利益，但是因为有抱怨心态，所以无论领导怎么处理，有些人都不会不满意。

可以跟别人比较吗？当然可以，一是要与优秀的人比，二是与自己的过去比。与优秀的人比，我们可以找到学习的榜样、努力的方向和精神动力；与自己比就会不断超越自己、成就自己。学习别人优秀的地方为我所用，把自我价值的评价权利交给客户，坚决不能拿别人的"错"与自己的"对"相比，为自己的错误寻找新的借口，为自己的正确寻找证明。

如何才能想明白"一码归一码，根本就是两回事"呢？

1.世界上没有绝对的公平，不让外部不利因素影响自己的成长

正如比尔·盖茨所说："社会充满了不公平现象，你不要想去改造它，只能先适应它。"

世界上没有绝对的公平，原来一些国企不能随意开除不合格的员工，结果导致一些员工出工不出力，一些员工可以少干活多拿钱，这是体制问题，不可能一下子就改变过来。只能随着国企改革的深入，随着社会劳动保障制度的完善，随着真正企业化运营的实现，这些现象才会逐步消除，你唯一能够做到的，就是做好你自己。

在一些民营企业中，老板的亲戚也许能力一般，但是职位很高，你干活多、效果好，工资却比他们少，这也是一个现实，你改变不了。在一些企业老板的眼中，可靠比能力更重要，安全第一是人的本性，你改变不了。你唯一能够做到的，就是先提高自己的职业化程度，你的身价就会很高。

世界上没有绝对的公平，如果没有修炼，人们通常只会看别人的所得，而看不到自己的拥有。当看到别人工资比自己高的时候，没有看到自己还能按时下班；当看到别人度假休闲的时候，没有看到自己已经赚了很多钱；当看到别人创业成功的时候，没有看到自己还能陪伴孩子成长……人活在世上，不可能什么好事都落在你的头上，有好有坏，有起有伏，有得有失，坦然面对自己的挫折，珍惜自己的福报，把自己的心态调整好，这与别人没有关系，自己的内心和谐了，整个世界也就和谐了。

世界上没有绝对公平的事情，追求公平与正义是我们的理想，我们应当为这个理想而奋斗，在企业中努力实现公平与正义。可以追求理想，但是千万不能理想化，不能够脱离现实去谈理想。变革是一个过程，你就是变革中的一分子，适应才能改变，而不是用冲突和对立来改变。如果公司的薪酬

绩效考核方案不公平，优秀的人得不到奖励，落后的人得不到处罚，你不能像"愤青"一样只知道谴责，而应该把自己分管的工作做好，用事实和数据对比来分析分配制度，然后提供给人力资源部和老板，是否采纳是他们的事。如果公司岗位职责界定不清，有些管理者拈轻怕重混日子，而多干活的人反而容易挨批评，你不能像"怨妇"一样只会发牢骚，可以结合工作量、工作难度、岗位系数和工作流程，提出职责定义的合理化建议，是否采纳仍然是老板的事。你始终都有选择去留的权利，但是唯独不能选择抱怨和消沉，不能让外部的不利因素影响自己的成长，要始终坚信并坚持做到：多干一点长本事，多干一点有机会。

2.有些事情没有可比性，人格是平等的，岗位价值却有高低之分

我们经常混淆一个概念，把人格平等与岗位价值平等混淆了。

一家科技公司规定公司副总级别以上人员，以及销售和技术部门经理可以实行弹性工作，不按照作息时间上下班，也就是说他们只要完成结果，就可以晚来早走。许多员工开始不理解，觉得自己每天挤公交上班，为了不迟到不早退而披星戴月，领导却可以轻松地晚来早走，感觉不公平。

董事长说："事实上公司领导们可能会晚来，但也经常晚走，特别是谈订单、搞研发的关键时期，更是不分白天黑夜，全天候上班不休息。即便是他们回到家中，有时也会处理工作，有时甚至忙到半夜。他们的工作不一定是在办公室里完成的，而是工作跟着本人跑，随时随地都可以处理工作。我跟大家说，弹性工作制看似宽松，实际上更严格，因为领导的工作量大，那些看似额外的'自由时间'，他们都用在工作上了。他们实际工作时间比员工多，创造价值比员工大，所以我要给他们更多的自由时间和更高的工资收入，这非常公平。"

当然，领导也不要与员工比，出了问题肯定先问责领导，工作压力最大的肯定是领导，最后承担责任的一定是领导。你想轻松吗？那么你就去当员

工，这同样很公平。

在公司中，大家的人格是平等的，无论你是董事长，还是普通员工，每个人的人格都应当受到尊重，这是人格平等，但是岗位价值是不一样的。领导和员工，技术工种与一般工种，研发人员与后勤保障人员的价值是不一样的，越是能够给公司创造独特价值的岗位，价值就会越高。如果不能够认清岗位价值的高低，有些人就会产生抱怨、不满和焦虑，引起团队内部的矛盾。

比如行政岗位和销售岗位就没有可比性。行政岗位的人员可能学历很高，但是工资并不高，销售岗位的人员可能学历并不高，但是奖金会很多。如果行政人员与销售人员对比收入多少，那么只能自寻烦恼，因为二者没有可比性。行政人员的工作价值是为业务提供服务，同时控制公司风险，销售人员的工作价值是为公司开源增效，保证公司经营收入。行政工作很重要，销售工作更重要。如果没有换位思考，人的认识就会出现偏见，就会出现"只见树木不见森林"的现象。销售人员的奖金多一些，但是我们看到过他们被客户无数次拒绝后的失落吗？看到过他们催收账款时被推来推去的无奈吗？看到过他们处理客户投诉时赔礼道歉的谦卑笑容吗？人格是平等的，但岗位价值却完全不一样，价值不同，则收入不同，这就是一种公平。

有一家公司的业务是为客户提供技术解决方案，由于销售人员不懂技术而无法成交，这时候就需要技术人员去给客户讲解、演示、比较和实验，最终说服了客户，这笔订单才能成交。请问技术人员是否应该有提成？如果有提成，销售和技术谁应该拿大头呢？如果我们把60%的提成给技术人员，请问销售人员会不会心服口服呢？如果销售人员心怀不满，就说明他在对比销售与技术两个岗位的价值。销售与技术两个岗位没有可比性，技术是创新的源泉，技术产生的产品价值是最终打动客户的原因，多数客户不一定会为销售的辛苦和周到服务而付钱，但是一定会为满意的产品价值而付钱。如果销售员能够给客户讲清产品技术价值并促成交易，那么就不需要技术人员帮忙，这个提成自己可以全得。如果自己不做到，技术人员帮你成交了，你当然要拿出大部分提成给人家，因为有订单总比没有订单好。作为销售人员，应当把精力放到成交更多的订单上，而不是与技术人员谈谁多谁少，这才是正确的职业思维。

总之，别人与自己是两回事，别人的错误是别人的错误，不是我可以犯错的理由，别人的优点是别人的优点，不是我一定要具备的优点。做好我自己，就是赢得别人尊重的资本；做好我自己，别人才愿意与我合作；做好我自己，才能减少内心的挣扎，从而提高生命的质量。

二、功劳和苦劳是两回事：苦劳值得同情，功劳才值得赞美

1.苦劳是过程，功劳是结果

要功劳，不要苦劳，大家都清楚这个道理，但是在实际工作中，这是非常难做到的。我们通常会认为，努力了就一定会有结果，其实不然，努力只是一个过程，不一定会有结果。客户认可并成交才有结果，有结果的过程才

有意义，在企业内部也是一样，达成了业绩指标就是功劳，没有达成业绩指标就是苦劳。

在生活中却不是这样，生活中无论是苦劳，还是功劳，只要是能够促进家庭或者亲密关系的快乐、和谐、美好的努力，都值得赞美。生活应当是没有功利性的，愉快的劳动，辛苦的付出，都会其乐融融，甚至苦劳与功劳相比，苦劳更值得赞美。老公做饭不好吃，我们全家也快乐，因为他努力了、付出了，平时不做饭的人为全家做一次饭，就充满了浓浓的爱；孩子给妈妈倒水，水撒了一地，我们也要赞美他，他懂事了，知道心疼妈妈了；太太买了一束鲜花装扮家庭，虽然家里还不富裕，但是家人不能责怪她，债总有还完的一天，而今天的快乐一旦失去就不会再来……在生活中，在家庭中，在友情里，不需要谈什么结果，谈什么功劳，有温情，有快乐，有爱就是我们向往的美好。

在职场上就要看功劳。你给顾客端菜，结果菜汤撒在人家衣服上，尽管你是连续加班身体疲劳所致，但还是要接受处罚；你给领导写一份报告，但是不符合要求，被领导退回并挨了一顿批评，即便你为此熬了整整一夜……因此，职场上的苦劳值得同情，功劳才值得赞美。同情是因为人都有感情，遇到失败与挫折的时候，大家都需要安慰与鼓励；赞美是因为企业靠结果、靠功劳才能生存，企业没有业绩就会衰退，没有利润就会死亡，市场不相信眼泪，也不同情辛苦，只相信业绩，赞美功劳。

在一个风雨交加的夜晚，客户订了一份外卖，快递小哥取餐之后冒雨给客户送过去。但是由于风大雨大，再加上晚高峰时车多路堵，电动车又出现了一些小故障，耽误了一些时间，匆忙上楼梯时不小心滑倒，其中一份餐盒摔破了。送到客户手里后，客户有些不满意，耽误了时间，摔破了餐盒，结果就给了一个差评和投诉，快递员为此被扣了奖金。

有人可能会说这个顾客太苛刻，对顶风冒雨的快递员没有一点人文关怀，哪怕没有鼓励，也不能给差评和投诉，让快递员承担经济损失。不在职场的人可以这样看问题，但是有职业化素养的人不会这样看问题。从职业化的角度讲，快递员的确很辛苦，也很值得同情，但是客户没有在预定的时间内得到完整无损的餐食，就是没有我们履行好与客户约定的合同，作为服务提供者就应该向客户赔礼道歉，受到一次处罚就当作是对自己的一次警醒。

当我们遇到挫折和打击，甚至受到委屈的时候，如果不完全是客户的错，我们要告诉自己：这就是我们的工作，受委屈可能是工作的一部分。如果客户没有侮辱我们的人格，没有触犯社会道德底线，没有严重违背承诺，只是心态不好或者不懂专业，给我们增加了一些麻烦，我们就不能抱怨客户，而是要做出客户想要的结果，不求客户表扬，但求客户满意，不求客户完全理解，但求自己问心无愧。

2. 快乐让我们愉悦，痛苦让我们强大

在公司里，如果过多强调同情苦劳的文化，团队的战斗力就会下降，让我们变得越来越软弱，公司就会呈现出一种没有业绩还很和气的"温水效应"。在温水当中，我们这些"青蛙"就会懈怠，就会慢慢"死"去。《增广贤文》中说：慈不带兵，义不养财，善不为官，情不立事，就是这个道理。企业要强调以结果为导向，要推崇论功行赏。那么，讲功劳，讲结果，讲业绩，实行严格管理，奖惩分明，会不会让大家感觉公司人情冷漠，毫无快乐可言？这需要具体情况具体分析，我们要的人情到底是什么人情，我们要的快乐到底是什么快乐？我们要的不是一团和气的人情，而是相互帮助、互相成长的人情；我们要的不是简单低俗的快乐，而是在客户满意的前提下，大家分享财富与共享成就的快乐。

一个员工犯了错误，或者没有完成业绩，应当给予改过的机会，并为此创造良好的条件，如果企业做好了这些，这位员工还是拿不出结果，那就应当考虑劝退这位员工。对个别员工讲人情，就是对大多数人"不讲人

情"，因为他在拖大家的后腿，大家都在为他承担责任。从另一个角度讲，这也是对当事人负责任，他在你这里不优秀，不代表在其他企业不优秀，或许只是双方的匹配不太合适，拖着不放就是对员工最大的不负责。警告、处罚、训诫，甚至劝退会给当事人带来很多痛苦，有的人经受不住痛苦，不及时反思和改进，而是开始抱怨、消沉，甚至自暴自弃，那么最后的结局将是一事无成。有的人承受住了这些痛苦，并不断提高自己的职业素养和工作技能，以出色的业绩和结果得到团队和客户的认可，从一次次的挫折当中成长起来，内心变得更加强大和自信，那么他的职业前途将是一片光明。

工作当中有快乐，而且我们要大力提倡快乐工作。在工作紧张的时候，领导开一个轻松的玩笑，大家很快乐；经过艰苦努力，新产品终于研发成功了，大家很快乐；历经艰难曲折，最后赢得了客户的订单，大家很快乐；辛苦了一年，到了年底员工拿到了满意的分红和奖金，大家很快乐；我们克服艰难险阻，让客户得到了满意的服务，受到了客户的高度赞扬，大家很快乐。这些快乐，都是历经痛苦磨难并最后获得成功的团队喜悦，比那些在员工毫不理解、毫无兴趣的状态下，每天站队集合喊口号、用心灵鸡汤安慰员工的快乐要高级得多。一家公司的快乐是有层次的，有高级的快乐，也有低级的快乐，有"成人级"的快乐，也有"儿童级"的快乐，这体现完全不同的境界和层次。

三、批评和表扬是两回事：能够接受表扬，更能包容批评

1.表扬可以，批评不可以，这是不成熟的职业心态

有人受得了表扬，却受不了批评，特别是那些被表扬惯了的人，突然有一天遇到批评，虚荣心就受不了了，脸就挂不住了，甚至内心就崩溃了。因

为在有些人的心智模式当中是这样认为的：别人都在表扬我，你怎么能批评我呢？被领导表扬多的人，这种想法更加强烈。领导都说我是最好的，你凭什么说我的缺点呢？他们接受不了这种批评和表扬之间的落差，他们不知道，批评和表扬是两回事。经常表扬你不代表不能批评你，同样遭到批评之后，你照样可以再次获得表扬。

这是一个职业心态是否成熟的问题。成熟的职业心态是不卑不亢，别人批评时不自卑，找到问题并承担责任，制定措施并立即行动，用更好的结果证明自己的实力，从不把别人的批评当成烦恼；被别人表扬时不窃喜，更不会狂喜，把别人的表扬当成一种激励，激励自己挑战更高的目标，达成更好的业绩。如果一个人能够把表扬都忘掉，把功劳让给别人，平静地做好每天的事情，不以物喜，不以己悲，这就是职业化修炼的最高境界。

有一家生产精密铸件的公司，比如手机中的一些小部件就是他们的主要产品，通过在模具中注射液态金属一次成型，技术水平在国内处于领先地位。技术部刘经理大学毕业后来到公司，没有去技术部，而是选择去生产部，给车间主任当助理。当时没有大学生愿意到生产一线工作，他有他的想法，他想学技术，就要先到生产一线了解产品的生产过程。董事长在全公司发出了向小刘学习的号召，鼓励技术人员到一线工作，为生产服务，小刘一时成为全公司的"明星员工"。在长期的生产观察中，小刘发现进口工具用途单一，工人要不断换工具才能解决一个问题，非常耽误时间，而且工具多也不容易管理。针对这一情况，小刘发明了一种多用途工具，将五种功能集于一身，工人们用起来简单实用，非常受欢迎，为此还得到了公司的"小发明一等奖"。总经理又一次号召全体员工向他学习，主动解决生产中的难题，公司还派小刘专门去德国学习技术，让小刘的技术水平突飞猛进。六年过去了，当年的小刘成了技术部经理，在替代进口产品的技术创新中发挥了关键作用。他主持研发的新型合成材料比国外进口材料的成本减少了一半，他研究成功的双轨道生产线使生产效率增加了一倍，公司授予他重大科技贡献奖，奖励他10万元。

应当说，几年来刘经理一直是公司的标兵，是在领导和同事们的赞美声中成长的，逐渐就有些不愿意听别人的意见和批评了。有一年，公司与美国一家公司合作成立项目组，研发新一代技术产品，由于实验计划拖延了三个多月，美国专家非常不满意。在会上，美方人员非常委婉地批评了刘经理的拖拉作风，并特别指出了信息反馈不及时、过于相信自己的经验、不及时与项目组商量等工作方式问题，这让刘经理的面子受不了了，开始不停地辩解。总经理现场说："要尊重美国专家的意见，我也同意他们的说法，你的动作的确太慢了。"最后大家不欢而散。

从此以后，大家发现刘经理没有工作热情了，下属向他请示工作，他开口闭口就说："找美国专家去，他们说了算。"总经理找他谈话，批评他不应当要态度，他的态度反而更不好了，最后干脆不管事了。总经理看他不在状态，把他从项目组长的位置上拿下来，也撤了技术部经理的职务，告诉他什么时候回归过去的良好状态，再考虑官复原职。

在企业当中，这种情况并不少见。有些员工，特别是一些有贡献的员工，可以表扬，可以称赞，但是不能接受批评，他们总觉得只能生活在别人的赞美中，却不知道自己也有错误的地方，犯错误时就应当请别人指出。如果别人的批评有助于提高自己，那么诚恳接受批评与建议，才真正是对自己有益的事情。结果他们总是端着一个放不下的架子，在职业发展的道路上就会越走越窄，最后被别人超过。

在国际篮球大赛当中，已经领先对手24分的时候，主教练居然主动申请暂停，把队员狠狠地说一顿，最后以领先40分的优势结束比赛，有谁见过这样的场面吗？在2020年奥运会资格赛的赛场上，中国女篮与韩国队的比赛中就出现了这样一幕。当时，前两节比赛一直是中国女篮大幅度领先，韩国女篮拼命追赶，在第三局快结束时已经追到只有24分的差距。中国主教练许利民果断叫了一个暂停，没有安排任何战术，而是大声斥责队员："你们在干什么？现在赢球了吗？领先几分就要胡来了？对方还没放弃，大家要有点出息，不要领先几分就骄傲。"

这场比赛的前两场对手是劲旅西班牙和英国，中国队险胜，已经获得了参加奥运会的资格，按照常人的理解，任务已经完成，何必这么严厉地批评队员呢？而且许教练平时是一个脾气很好的人，不轻易发火，怎么突然生气了？后来记者在采访中，大家才明白许教练的用意，一是韩国队的追赶士气必须要打下去，给他们造成一种心理影响，以后再遇到中国队就会心里发怵；二是他在训练队员的职业素质，无论胜利和失利，都要保持一贯严谨的职业精神。

有时，稳操胜券对职业心态也是一种严峻的考验，按照平常人的想法，我们已经战胜了最强的对手，已经获得了奥运会入场券，全国人民都在表扬我们，而且这场比赛的胜利没有任何悬念，无非就是赢多赢少的问题，何必这样大动肝火呢？有这种想法的人可能就会受得了表扬，受不了批评，在行为上就会产生消极抵抗而显得懈怠。令人敬佩的是，我们的女篮队员职业化水平非常高，她们经受住了考验，当教练批评的时候，她们没有一句抱怨和不满，而是忘掉铺天盖地的表扬，忘掉已经到手的奥运会入场券，忘掉刚刚战胜了欧洲劲旅，然后集中精力，正常发挥，最终以"100：60"大胜韩国队，以全胜的战绩挺近2020年奥运会正赛。

职业心态是否成熟，很大程度上表现为表扬与批评转换当中的适应度。能够很好地对待表扬，也能够很好地接受批评，没有把表扬当成不可以被批评的理由，心里放得下、想得通、出得来，就像中国女篮那样，我们的职业团队就会不断走向成熟。

2.把表扬当成不能接受批评的理由，影响个人职业成长

"领导都表扬我了，你怎么还批评我？""你刚才还表扬我，现在怎么就批评我？"我们时常会听到这样的对话，许多人把表扬当成不应当受批评的

理由，其实昨天的表扬与今天的批评，甚至同时出现的表扬和批评没有因果关系，表扬是针对你的成绩，批评是针对你的问题，问题解决了，你就又有了一次成长。

一个老人来到一家商场，买了一个红色电饭锅，刚到家就给商场打了一个电话，他说："我还是喜欢那个白色的，想换成白色的，不过我现在太累了，还有点气喘，走不动了，你们能帮我送过来吗？"售货员小王问清了老人的地址，二话没说就拿着锅出去了，给老人换了一个满意的锅。店长知道这件事情之后，在第二天晨会上专门表扬了小王，并给她报销了出租车费。结果过了一天，又来了一个中年男人来买锅，他说先把锅放在店里，等下班时来取。结果小王却说："你家在哪里？我给你送过去。"客户连忙说不用，小王还是坚持要送。这时店长走过来说："还是让顾客自己取吧，我们万一送错了怎么办。"客户表示赞同。第二天晨会的时候，店长举了这个例子，她说："为什么同样是送货，处理要求却不一样呢？一是公司没有送货的服务承诺，除非客户情况比较特殊，比如老年人和行动不便的消费者，经过店长批准可以送货，因为客户的认可是我们最大的荣誉；二是有些客户不同意送货，因为他们比较在意个人隐私，我们要尊重客户的要求和习惯，这时我们就不能执意坚持；三是你离开岗位去送货，其他同事就要补岗，就会影响工作效率。

结果小王认为店长是在批评她，自己努力提高服务质量却没有获得认可，一天都很消沉，昨天阳光灿烂，今天就乌云密布了。我们都是成年人，在工作当中，谁都会有成绩，也会有不足，昨天接受表扬，是因为有成绩，今天接受批评，是因为出现了不足。如果看淡这一切，只把教训铭记在心，然后一笑而过，权当一次成长；如果看不明白，就会产生心理反差，甚至形成心理阴影，这对我们的职场成长十分不利。

表扬与批评是常用的管理手段，能够接受表扬，也能够接受批评，表扬与批评是两回事，它们之间没有因果关系，也没有可以互相抵消的功能。对待表扬与批评的态度问题，不是性格问题，是职业素养问题，因为职业修养高的人懂得，别人的批评对自己的成长有利，面子不重要，成长才重要。

当然作为管理者，在表扬和批评员工的时候，要注意合理使用，如果表扬过分，就会形成捧杀，如果批评过多，会压抑员工的工作热情，即便是发现问题需要批评员工，事后也要做一些心理疏导工作。刚才那位店长是很优秀的，她发现了小王的情绪变化，找时间与她进行了沟通，肯定了她给老人上门送货、关心老人的善良品质和秉承公司文化的正确做法，也指出过度服务是不合理的。客户的需求是我们工作的出发点，关键是我们要搞清楚客户的需求是什么，如果自己把握不准可以和领导商量，然后再行动，这样就会减少一些误判。店长说完以后，小王的心里就舒坦多了，轻松愉快地投入到工作当中。

四、过去和现在是两回事：过去不能代表现在，现在也不一定预示着你的未来

1.好汉不提当年勇，无论你过去怎么样，都说明不了现在的你

过去做企业的成功经验，并不一定在今天依然管用，今天成功的做法，也不一定能够适应未来的需求；过去成绩斐然的员工，今天不一定依然优秀，今天优秀的员工，也不一定在未来还是业绩冠军。这是一个快速变化的世界，企业的地位、个人的成就都可能在瞬间发生逆转。昨天还是下属，今天可能是上级；昨天还是徒弟，今天可能是师父；昨天还是对手，今天可能是伙伴；昨天还是"小白"，今天就可能成为精英。社会发展快，角色变化也快，过去是一个角色，现在又是一个角色，如果我们分不清自己和他人过去与现在的角色，就会出现职业化方面的错误认知与行为。

在公司当中，一些不职业化的现象，许多都源于不能清楚地把过去与现在的角色区别开。许多老员工会经常认为自己的经验过去管用，现在还管用，不肯接受新的管理理念与创新做法，不肯接受公司的技术革新与工艺改造。在他们的意识中，"过去的我"是正确的，不肯放弃过去，职业发展受到严重的自我限制，公司不留也不是，留也不是，成了老大难问题。

对于许多老师傅而言，情感上也有接受不了的东西，特别是过去的徒弟可能成了今天的领导。当领导就要管事，管别人可以，管到自己头上就接受不了，动不动就说："想当年，你连开关在哪都找不到，现在可好，当领导了，想管我了。"在心理上就不接受年轻领导的管理，在公司中产生了许多内耗。

　　有一家钢铁公司的副总姓王，他在公司任职已经16年了，年龄比董事长还大，在公司属于老资格了。在创业初期，王副总确实是公司最辛苦的人，当时他是生产部经理，直接管理三个车间，曾经为了赶任务连续11天吃住在工厂。他孩子参加高考时都没有回家看一眼，到现在儿子还责怪他，董事长一直特别感动，夸赞他是公司的"老黄牛"。王副总最大的特点是管理严格，从来不给别人留面子，有一次一位员工由于操作不当生产出了一大批次品，给公司带来了巨大的损失，他把这位员工辞退了。结果这位员工堵到他家门口，拿着刀子威胁他和家人，差点出了人命，不过王副总没有妥协，依然坚持原则。由于他表现很优秀，后来被提升为主管生产的副总经理，可以说没有王副总和他们那批优秀的老员工，公司就不会有今天的发展。

　　随着公司的发展，王副总凭经验管理的做法有些不管用了，公司全面实行业务流程改造，实行信息化管理，引进了许多先进的技术和工艺，王副总感到了前所未用的本领恐慌和失落感。董事长说："你要学习呀。"他说："我年纪大了，学这些太难了。"虽然公司花了不少钱，让他参加清华、北大的总裁进修班，但是效果不明显，甚至没有学完就自己跑回来了。董事长看到这些人实在跟不上公司发展了，决定选拔优秀的年轻人接班，王副总却看不惯那些年轻人。公司要调整领导班子，他当年的手下有可能成为他的领导，这下他不干了，好长时间不跟董事长说话，还总跟下属抱怨："公司怎么能这样对待老员工，怎么能说让我们下去就下去呢？做人要讲良心，我为了公司发展，命都豁出去了，就落得这样的下场！"在一次高管会上，在讨论新领导班子成员的时候，王副总与董事长发生了一些不愉快，会没有开完，自己就开门走了。

老员工需要尊重，贡献不能抹杀，妥善安排也是我们一定要做好的一项工作，但是公司目前最需要的是什么？是业绩，业绩的背后是团队，团队的背后是优秀的管理者。为了保证企业的持续发展，管理团队的新陈代谢是必然的事情，从这个定义出发，过去是过去，现在是现在，过去有过辉煌，不等于今天你依然辉煌。今天不超越自我就是落后，这与年龄没有关系，与价值观有关系，关键在于你能否心态归零，忘掉过去，跟上团队和公司的发展，因为公司前进的步伐永远不会停下。

2.英雄不问出处，只要你今天做得很出色，我们就会认可你

如果你是政府公务员，想要得到晋升，那么你过去的从政资历和政绩就是非常重要的依据；如果你是一名学者，想要评定职称，那么你的学历背景、科研成果和教学经验就是非常重要的依据，但是如果把这种"英雄一定要问出处"的思维用在企业当中，可能就会产生对人才的误判，影响我们对人才的使用。

在企业当中，判断一个人是不是人才，是不是英雄？最简单的方式，就是你能不能解决实际问题，能不能完成业绩，能不能用结果来证明自己。马云是一个三流大学毕业的英文系学生，当年去快餐厅求职人都没有成功，只能去创业，结果成就了现在的阿里巴巴。许多今天卓有成就的老板，没有很高的学历，家庭背景一般，甚至出生在贫困家庭，但是他们通过不断学习，

勤奋努力，成为了优秀企业家。许多员工刚来公司的时候，是什么都不懂的"菜鸟"，经过自己的努力和公司的培养，逐渐走上了关键核心岗位，年纪轻轻就已经开始挑大梁。面对这些曾经不如我，而今天超越了我的人，我应当以什么样的心态去面对他们？这是职业化修炼的课题。

等级观念是封建残余，论资排辈是家族文化，这些都与职业化背道而驰。在职场上，英雄不问出处，只要职业道德没有问题，最终还要看你是否能够承诺并完成公司交给的任务，达到公司和客户的要求。

什么是职业化，职业化就是能够分清"过去的我"与"现在的我"，分清"过去的他"与"现在的他"，如果"现在的我"已经跟不上公司的发展需求，或者"现在的他"已经超过了"现在的我"，正确的对策与方法就是重新学习，重新开始，重新提升自己的职业技能与人生态度。既不沉湎于过去的辉煌，也不妒忌他人的超越，而是给自己定义更高的标准和目标，并心无旁骛地向这个目标迈进。

五、感情和原则是两回事：感情归感情，原则归原则，决不拿原则换感情

人是情感动物，没有情感也就没有了人类的相知相识、相依相爱，没有了情感，人类的生活将变得毫无色彩。但是，职场上我们经常会遇到原则与情感出现矛盾的事情，这应当如何处理呢？

一家房地产公司的张副总，创业时就跟着老板共同奋斗，当时由于开发手续不全，公司违规施工被政府责令停工。在公司资金链快要断裂的时候，是这位副总挺身而出，想方设法为公司办好了施工手续，并为公司联系了一笔银行贷款，公司终于转危为安，老板每逢重大场合，都说张副总是公司的贵人。不过，后来就出了两件事情，颠覆了老板的一些认识。第一件事情是张副总收了乙方施工单位的上百万元回扣，第二件事情是张副总私下入股

一家房地产营销代理公司，与公司签订代理合同，获利几百万元。老板最初只是怀疑，因为以前也有同事反映过此类问题，但是一直没有实际证据。直到施工单位的老板上门检举，老板才觉得事态严重，并派人暗中调查，最终证实了这两件事情。该怎么办呢？一方面是情感上的不舍，毕竟共同奋斗多年，而且他为公司立下了汗马功劳，另一方面是必须要坚持原则，他干了这么多违法乱纪、侵害公司利益的事情，已经触碰了做人做事的底线，如果不处理则不足以服众。

老板思前想后，犹豫不决，内心无比纠结，其实这种纠结就是情感与原则产生的矛盾。最终老板下定了决心，找张副总谈一次话，如果对方态度好、能退钱，就请他离开公司；如果态度不好，又不肯退钱，就表明态度，并采取法律手段解决问题。

在谈话的前一天，老板失眠了一整夜。第二天的谈话还算顺利，两位老友早知会有这一天，似乎都有心理准备。最后的结果是，张总离开公司，所收的回扣分两次退还给乙方，并保证不再涉足公司以及合作伙伴的所有业务。如果不履行上述协议义务，公司保留随时追究法律责任的权利。

公司之中人与人的关系，不同于家庭成员之间或者朋友之间的关系，因为在家庭和朋友当中，极少存在利益关系问题。在公司中，情感与原则之间的矛盾，往往都是由利益引起的，而在利益纷争的背后，则是人的贪婪之心。改变人的贪婪心，是我们一生的修行，而我们几乎每天都会面对利益冲突，以及由此而带来的情感与原则的矛盾。如果没有原则，处理不当，或者犹豫不决，就会产生江湖恩怨和内部争斗，这对公司的伤害是非常严重的。

公司就是公司，法制是红线，道德是底线，坚守法制与道德，坚持公平和正义，就是坚守原则。你为公司做出过突出的贡献，但是这不是你可以受贿的理由，更不是你侵害公司利益的借口。如果不严办此类事情，就是对那些遵纪守法和诚实劳动的员工不公平。如果这次对你网开一面，让人情大于原则，那么以后就不要再跟员工讲什么企业文化，讲什么核心价值观，因为所有的人都会认为，老板说一套做一套，所有的原则都比不过人情。

人都有情感，但是遇到原则与情感冲突的时候，必须原则是原则，情感是情感。回到刚才房地产公司的案例中，按照原则你必须退钱，离开公司，并永远不准利用公司的资源谋利；按照情感，我们不追究你的法律责任，放你一条生路，这是为你下半生负责，为你的家庭负责。

1.在职场中，原则第一，情感第二，原则才是大情感

2020年新冠病毒肺炎疫情爆发之后，许多企业面临资金链断裂的危机，在所有自救措施不起效果的时候，一些公司采取了裁员的手段。这时候，企业就会面临很多压力，有人会说企业卸磨杀驴，老板为富不仁。我们该如何客观看待这个问题呢？如果100个人当中需要裁员10个人，就能保证公司渡过难关；如果被裁员的这10个人，是依法依规办理的，那么这种处理方式是否还应该受到道德的谴责呢？什么是小爱，什么是大爱？什么是小德，什么是大德？什么是小情感，什么是大情感？坚持原则会保住公司，保住大多数人的饭碗，这是不是原则和情感的统一？如果裁员之后，能给被裁员工一些额外补偿，并做好心理和思想疏导工作，做好情感上的沟通，请问这种裁员方式会收到恶评吗？

如果原则与情感产生了矛盾，那肯定要坚持原则第一、情感第二，如果选择了坚持原则，是不是就不要感情了呢？当然不是，从辩证的角度来看，坚持原则是为了大多数人的利益，更是为了实现公平公正，这种原则就是我们所说的"大情感"，而顾及少数人利益的则是"小感情"。

2019年12月3日晚，匈牙利国家短道速滑队主教练张晶突然在社交媒体上宣布：由于匈牙利短道速滑队中有队员发表辱华言论，自己将辞去队伍主教练一职。张晶的果断辞职引起网友一片点赞。原来在上周末，匈牙利短道速滑队奔赴上海参加2019—2020赛季短道速滑世界杯第四站比赛，却在机场

发生了一件令人震惊的事情，队员 Burjan Csaba 因边检排队时长超过一小时，就在社交平台上公然发表辱华言论。

张晶是谁？是匈牙利夺得冬奥会首金的中国功臣，是她把一支不入流的速滑队带到了世界领奖台上，她曾经满怀热情地受邀成为匈牙利速滑队教练。她说："我们希望能够在世界的不同角落，为普及、发展短道速滑出一份力，让更多的人认可中国短道速滑的技术和哲学。"从2012年执教匈牙利队开始，她实现了匈牙利短道速滑项目奥运金牌零的突破。

七年来，她肯定对这支队伍、这个国家充满了深厚感情，如果离开教练员的岗位，她自己也会有许多损失，但是当国家尊严受到损害时，她毫不犹豫地放弃一切，在大是大非面前，她做到了原则第一，情感第二，张晶教练就是我们职业化修炼的榜样。

2.公司中最难处理的"六大情感关系"

在公司中，我们的角色都是固定的，如果出现情感与原则处理不好的事情，就会影响到公司的正常管理与发展，影响公司的效率与合作。特别是在我们这个比较重视人情的国家，稍微不注意，就会混淆情感与原则的界线。在公司中最难处理的有"六大情感关系"，即师徒关系、老乡关系、同学关系、恋爱关系、亲属关系、辈份关系。

先说说师徒关系。

一日为师，终生为父。中国人历来就有尊师重道的优良传统，但是在企业中如果"师徒情"战胜了原则，不仅可以损害公司与他人的利益，也会损害师徒的感情，这是非常不职业化的表现。

有时候，徒弟当了领导，师父成了下属，出现了徒弟领导师父的现象。职业化的师父会处处想着为徒弟脸上增光，从来不搞特殊化，比别人更加自觉地遵守公司的规则，让徒弟不被别人说三道四。但是，有些师父则不这样认为，以为徒弟当了领导，自己就比别人特殊了，动不动就摆老资格。一是不服徒弟，在他眼里徒弟还是徒弟，而不是领导，你少来管我；二是不服别人，你们能够跟我比吗？咱们公司领导是我的徒弟，谁管得了我？时间长了，在公司就出现了一个现象——"师父特权"，这种特权破坏着公司的原则，影响制度的执行。

再说说恋爱婚姻关系。

恋爱自由，婚姻自由，这是宪法赋予公民的权利。有的企业规定不允许员工之间谈恋爱，否则就要求人家辞职，这当然是违法行为。但是从客观上讲，在公司如果有一对恋人每天出现在同事眼前，在团队的工作环境中，大家都会觉得别扭，安排什么事都要考虑他们俩之间的特殊关系。领导布置工作时，如果不把他们分在一个组，就好像不近人情；团队统一活动时，如果他们两个在一起，别人都会知趣地回避；如果有同事与两人中的一个人产生了矛盾，就好像也得罪了另一个人，说话要格外注意；许多应当坚持的工作制度到恋人那里，就要特殊处理，别让他在恋人面前出丑。

其实公司里的恋人或者夫妻关系本身并没有什么，如果能够在工作上互相促进，这完全是一件好事，不过这需要很高的职业化素质，需要自律意识与团队精神。

对于公司的"办公室恋情"或者夫妻同在一个企业，最好的办法是采取回避制度，避免直接的工作关系。在《员工手册》中，公司可以规定恋爱或者夫妻关系的员工"不应当在同一部门工作，不应当有直接的上下级关系，不应当有直接的制约与检查关系"。比如夫妻就不适合一个当会计一个当出纳，一个当采购员一个当库管员，一个当生产经理一个当质检部长……这样既可以保证公司正常的工作秩序和良好的团队关系，又可以让员工充满幸福感地工作，而不必担忧对他人的影响。

这些制度在员工入职时就要宣讲，让大家清楚公司不反对恋爱，更不反对夫妻在公司工作，相反公司还要鼓励"脱单"，鼓励夫妻同时到公司工作。公司反对的是不职业化行为，我们要用职业化的要求来让每位员工懂得工作就是工作，生活就是生活，生活可以促进工作，工作是为了更好的生活。

对于企业中的老乡关系，如果能够管理好，可以帮助企业形成强大的团队凝聚力，并给企业带来紧缺的人力资源；如果管理不好，也可能会成为破坏团队建设的因素。许多民营企业的老板到异地他乡开创事业，最早一批跟随他的都是父老乡亲。他们逐渐形成了一个创业团队，最后形成了一个核心团队。之所以能够创业成功，是因为他们有亲情，这是一种天然的信任，不需要磨合就可以上阵，他们出外打拼，就是为了家乡的亲人们能过上更好的日子。同时，当公司人手不够的时候，老乡介绍老乡就会带来更多的人力资源，这种老乡关系无疑对公司的创业和未来发展产生了促进作用，保证了企业在最困难的时候能够得以生存。

但是随着企业的发展，就会出现两个矛盾。一是老乡与职业经理人的矛盾。随着管理水平越来越高，企业必然要引进更加优秀的职业经理人，这时如果不能开展好职业化教育，告诉那些跟随老板打天下的乡亲们，职业经理人是专门请来管理公司的高手。他们可能性格不同、习惯不同、乡音不同，但是他们的管理水平要比我们高，我们应当向他们去学习，并服从他们的管理。否则，企业内部就会立即分成两派，一派是挤兑职业经理人的老乡群，一派是想要严格管理这群老乡的职业经理人。还有一种情况，就是企业中出现了许多不同地域的老乡群，当地人是一帮，湖南人是一帮，四川人是一帮，东北人是一帮……这些老乡群体，要来一起来，要走一起走，他们认为小团伙的约定比公司的制度更重要。

这些都是封建小农意识、狭隘的地方封闭意识和旧社会帮派思想在起作用。特别是在一些劳动密集型企业、外来务工人员比较多的企业，在员工的入职教育和未来的企业文化建设中，都要强调用职业化的原则与心态来处理老乡关系，也就是说老乡之间在生活上可以相互帮助，在工作上可以相互学习，但是不能成为隐瞒错误、拉帮结派、排挤他人的一种势力同盟。所有的人来到公司，都是来赚钱的，没有地方身份的高低，更没有地域的优劣，在公司制度面前一律平等，在管理和被管理的关系上，也没有老乡和非老乡之分，在职业化的进程中，要逐渐淡化老乡的概念和身份。

当然，同学关系、亲属关系和辈份关系，也是容易出现问题的老大难关系，都有可能会因为私人关系而影响公司制度的执行与职业文化的树立，根本的解决方法还是要完善制度，做好合理的人员配置，加强职业化教育。从机制上、根本上屏蔽掉这些关系产生的不良影响，并在我们的管理理念上，尽可能地淡化这些关系，在公司工作中少提这些关系，我们的职业化才能够真正建立起来。

六、公事和私事是两回事：公是公，私是私，公私不分是江湖恩怨的祸根

我们反对自私，反对那些损人利己、损公肥私、损害公司与他人的利益的思想和行为，但同时我们也要反对"他公"。"他公"就是拿自己的东西给公司用，而且不要报酬。员工想热情地想奉献自己的利益给公司，公司一方面要感谢员工的善意，另一方面要坚决地谢绝，因为这可能是"烫手的山芋"。人性有善，也有恶，此时大家都相互领受对方的好处，互相欠着人情也能其乐融融，而彼时一旦有了利益冲突且不可调和的时候，就很容易产生江湖恩怨，给公司带来内耗和损失。

1.员工的归员工，公司的归公司，可以使用对方的资源，但一定要付费

什么是原则呢？职业化就是公司不占员工的便宜，员工也不要占公司的便宜，该谁付，就谁付，该谁得，谁就得，公是公，私是私，公私分明，并

用制度和规则固定下来。

比如，公司的车给员工使用，主要是用于办公，车是公司的车，年检费与车险由公司出，可以允许员工平时私用，但是私用产生的油费、维修费、违章罚款等由员工负责，并共同约定好交通事故的处理规则。如果车辆到了一定年限，公司还可以折价或者无偿过户给员工，公是公，私是私，大家就很和谐。

比如，在疫情期间，公司资金困难，公司与员工协商，先发一半工资，但同时承诺，一旦公司恢复正常经营，有能力支付员工薪水时，会把欠大家的工资补发回来。公司感谢大家的支持，员工理解公司的难处，也珍惜来之不易的工作机会，把话说明白了，今后互不相欠，这样公是公，私是私，大家就很和谐。

比如，员工入职时要讲清楚，客户资源属于公司，因为公司为员工支付了工资与提成，员工辞职时不允许带走客户资源，更不能够未经公司同意私下与客户做生意。在员工任职期间，公司不能够克扣员工的工资与奖金，所承诺的利益分成必须兑现给员工，这样公是公，私是私，大家就很和谐。

公私分明，是一种商业文明，公是公，私是私，清清楚楚，清楚了才能避免江湖恩怨，才能合作共赢，才能愉快共事。

2.公司不打探私生活，员工也不必暴露自己的私生活

在招聘员工时，有些公司会故意问应聘者几个问题，比如，你选择男朋友的标准是什么？你们准备什么时候要孩子？你觉得自己的婚姻幸福吗？你的家庭收入一年是多少？你下班以后通常会怎么安排自己的生活？凡是如实回答的或者侃侃而谈的，多数就没有被录取的可能了，凡是婉言拒绝的，录取的概率就会大增。这样的公司就是很职业化的公司，拒绝回答的人就是非常职业化的人。

这是为什么呢？公司不是家，公司是商业组织，公司是价值交换的平

台，是互利共赢、共同成长的舞台。公司向员工提供就业机会，帮助员工成长，向员工提供工作支持和资源，让员工心情舒畅地创造业绩，获取更高的收入，来提高员工的生活品质。除此之外，公司不应当过多地了解和干涉员工的私生活。

公司的领导和同事，不是员工的父母和亲属，也不是某人的"老铁"或者"闺蜜"，也不是街道居委会的热心大妈，公司无意去了解任何员工的隐私，同样员工也要对自己的隐私闭口不谈。

有一家公司规定，禁止使用公司电脑处理私人事务，包括上网聊天和因私浏览网页。一位员工上班期间与女友聊天近一个小时，结果被公司后台监控部门发现，受到公司的处罚。这位员工十分不满，他认为公司侵犯了他的隐私权，公司偷看了他的私人聊天，应当向他道歉，并拒绝接受处罚。那么，到底是谁侵犯了谁的权益呢？

一项调查显示，24%的员工认为公司监控员工电脑是对员工的不信任，这就反映出我们对什么是隐私、公司是否有权监控员工电脑、应当怎么做才能合理合法等一系列问题，需要进一步思考和澄清。

首先，我们要明确什么是员工的隐私，隐私是不便于告知他人的个人隐情或者私人事务，隐私最大的特征就是与工作毫无关系。因此，有些公司把员工与客户私聊、议论公司内部的人和事、同事之间的玩笑等也当成禁止和受控的内容范围，这就有些不妥了。这些都是与工作有关的内容，不应当列入隐私。但是与朋友或者家人谈论私事，就应当被禁止，因为这些与工作无关。

其次，我们要有电脑监控的制度规定，并把这个规定事先公告给员工，而不能偷偷摸摸地监控员工，监控的权限也要公布。同时，即使发现了员工的违规行为，也不要把聊天内容告诉更多的人，通常由主管提醒员工，员工知错改过就可以了。

也许会有人说，难道上班时间给家里打电话，给老婆回微信，给朋友发几条消息，也是不职业化的行为吗？也是侵占了公司的利益吗？难道上厕所、喝咖啡、出去吸一支烟，也是占用公司时间吗？当然不是，处理完这些小的私事，应当立即投入工作中，这是公司允许的。如果连这些小事都要禁止，那么我们对职业化的理解就会走向另一个极端。判断对错，除了规章制度之外，还有人之常情；约束自我，除了规章制度之外，还有廉耻之心。

我们一方面反对公司打探员工的隐私，另一方面我们也反对员工在公司公开谈论自己的隐私。

有些人在家庭关系或者亲密关系中受到了一点刺激，就像怨妇一样，在同事之间诉苦抱怨。我们在职场中经常"被倾述""被高兴"，这其实是非常令人尴尬的事情，因为我们并不关心这些生活琐事，如果不听你说，就会冷落了你，如果听你说下去，就会耽误自己的工作。

热爱自己的家人和朋友，这是一种非常美好的性情，完全可以在自己的亲密朋友中倾述或者分享，但是如果你把倾诉放到职场之中，就可能对他人和客户产生不良的影响。我们是来工作的，不是来看你"秀隐私"的，当大家都感觉不适的时候，其实就会影响你与同事之间的合作，也会影响你的工作效率和业绩。

当然，我们并不是说不能帮助员工解决个人问题，也不是说公司对员工的家事在任何时候都不管不问。有一些特殊的情况下，公司可以了解员工的家庭情况，但出发点是帮助员工解决实际困难，体现集体的帮扶力量。

一是员工生活遇到困难，公司有爱心基金，可以帮助员工度过困难期。同时，爱心基金要制定管理制度，按照流程进行审批，必须要向全体员工公告帮扶原因和帮扶情况。这不属于打探和暴露员工的个人隐私，而是让大家了解，公司会按照规章制度，公平合理地向员工提供力所能及的帮助。

二是员工遇到心理或者信念系统的问题，公司在组织学习交流过程当中，员工可以分享自己心灵成长的经历，讲述家庭对自己的一些影响。这不属于打探或者暴露自己的隐私，而是通过集体学习，让大家知道如何灵活处理亲密关系，从而为员工的成长免除后顾之忧或家庭困扰，协助员工实现家和万事兴。

三是公司人力资源管理和企业文化建设的需要。比如作为公司的一项奖励或者福利待遇，可以允许员工带家属一起参加公司的旅游；公司为员工举办集体婚礼，为大龄青年解决"脱单"问题，增强团队的凝聚力；某些劳动密集型企业可以把节日礼物或者敬老金发给员工的家属和父母，帮助解决实际问题，赢得家庭成员对员工工作的支持和理解。这些都是人力资源管理和企业文化建设的一部分，不涉及员工的隐私问题。

七、领导和朋友是两回事：生活是朋友，职场是领导，别打着领导的大旗狐假虎威

在工作中，我们会看到某些员工在公司里大吹大擂：老板是我哥们，我只听他的指挥，言外之意就是其他人都管不了他。那些破坏制度的人，往往都是打着老板的旗号，用"我们都是老板的哥们"作为挡箭牌，对抗公司的制度，对抗公司的管理。

一位销售经理带着两位业务员到外地拜访客户，业务没有进展，却每天大吃大喝。公司对出差工作餐有定额要求，这位经理每次吃饭都会超标，两个业务员小心翼翼地问经理："如果回去不能报销，咋办？"这位经理说："吃点喝点怕什么？超就超了，到时我跟老板说，老板跟我是哥们，财务不批也得批。如果公司不出我就出，谁还在乎几个饭钱？"

许多人在公司里边显得很牛气，一般人都不放在眼里，公司制度也约束不了他，不是因为他是技术大拿，也不是因为他是业务高手，而是因为在他自己心目中老板是他最好的朋友。作为哥们弟兄，不管出什么事情，老板都会给他撑腰。

这种问题的根本原因，就是老板长期以来对这种观念和行为的默许和纵

容。一些老板总是希望身边有一帮心腹之人，平时给他通风报信，关键时候替他"挡剑"，寂寞的时候陪他喝酒，得意的时候有人吹捧。孰不知，这些人就是公司最大的隐患，惹出大事的人往往都是这些"铁哥们"。今天他给你的"投名状"，总有一天会让你加倍奉还，然后江湖恩怨就会不断上演，还会出现恶性循环。现在没有发生这一幕是因为利益关系暂时平衡，一旦有一天平衡打破了，公司的内耗才真正开始了。

如果老板能在公司中旗帜鲜明地提出："在公司没有兄弟朋友，也没有哥们义气，无论你是业务高手，还是跟我打天下的元老，无论你是曾经的功臣，还是我的亲属，在公司里都是基于共同价值观而形成的互利合作的伙伴，没有其他关系。在制度面前，公司里任何人包括我，都没有所谓的特权。谁对这样的理念感觉不舒服，你可以选择离开公司，谁觉得付出没有得到回报，感到委屈，可以坐下来好好算算账。因为我不想在这方面耗费精力，制造矛盾，产生内耗，我希望公司的关系应该保持单纯和阳光，就是互利共赢，平等合作，把业绩做好，把客户服务好，把钱挣回来，大家高高兴兴地共享财富和成长，这才是正事。与此无关的一些江湖义气、兄弟关系都不能进到公司来，谁在公司敢打着我的旗号吹牛，或者做违反制度的事情，就是在透支我的信誉，到时别怪我不客气。"

在生活中，同事可以是朋友，朋友应当以友情为重，不应当以利相交。在公司中，同事之间既不能"淡如水"，也不能"常恩怨"，别人没时间听你倾述家事，也不能无偿为你付出，我们共同的价值观是客户第一，共同的利益就是分享财富。利益一致，价值观一致，我们就是同事，就是团队；否则，不是宗教组织，就是团伙，反正不是企业团队了。

1.向刘国梁和孔令辉学习，为了友谊相互理解，为了大局服从领导

要说在领导和朋友两层关系方面处理最好的，当属中国乒乓球队的刘国

梁和孔令辉了。2008 年 8 月 18 日，在北京奥运会乒乓球赛场上，中国男团击败德国队，获得历史上第一个男子团体冠军。在夺金的时刻，刘国梁与王皓、王励勤、马琳相拥而泣，国人见证了中国乒乓球首夺奥运会男子团体冠军的历史时刻，也见证了刘国梁的又一次成功。

2003 年，年仅 27 岁的刘国梁出任中国男乒主教练，成为蔡振华之后的又一个"少帅"。之前的"刘哥"一下子变成了"刘指导""刘教练"，别说曾经的队友有些不习惯，刘国梁自己也很不适应。特别是与刘国梁搭档的孔令辉，他与刘国梁一起加入国家队，一起训练和比赛，吃住在一起，是无话不谈的好朋友、铁哥们。

可是一夜之间，刘国梁成了队友们的教练、老师和领导，他们一开始张嘴叫"刘指导"时都感觉有些别扭，队友叫得别扭，刘国梁听着也别扭，这是大家把领导与朋友的角色没有分开的原因。在刘国梁出任教练后，昔日的队友都成了刘国梁的"学生"和下属。刘国梁是教练，是领导，还是哥们？许多人好长时间里转不过神来。

有一次新浪网采访刘国梁和孔令辉，以下是他们的对话。

主持人：请问孔令辉，当年刘国梁是你的搭档和队友，有时也是赛场上的对手，忽然有一天他变成了你的教练，你开始会服他吗？

孔令辉：我觉得肯定是心服口服的，现在的成绩证明他确实是优秀的教练。刚开始可能不适应，以前是共同比赛和训练，现在是你指导我，突然之间换了一个角度，刚开始会有些不习惯，后来就慢慢转变了。

主持人：你感觉刘国梁从队员到教练的过程中，最大的变化是什么？

孔令辉：他变得更稳重了，以前他比较幽默，喜欢开玩笑，当教练以后性格相对稳重一些。

主持人：刘指导，你觉得你的变化是什么？

刘国梁：我觉得孔令辉说的基本上是对的，从性格来说，我是比较外向、随和的，喜欢开玩笑，但是由于角色的转变，肯定不能跟以前完全一样了。以前要和谁开玩笑只代表我个人，现在因为有主教练的身份，所以有时候说话就要更严肃一些、正规一些。

主持人：也就是说，不能像当年一样了，当然这也是事业发展的一个过程。

刘国梁：我觉得这是大家的共同愿望，我们从赛场、训练场下来还是朋友，但是在球场上我们都要严肃认真。

场下是朋友，场上是领导，最直接的考验出现在2004年雅典奥运会之前，对于老将孔令辉能否入选中国代表队，很多人都拭目以待。刘国梁后来说："在两个成年人之间，如果有什么裂痕的话，后期是很难弥补的。我和小辉都明白这一点，所以我俩都会极力避免不开心的事，懂事之后，我们从来没有红过脸。"从刘国梁的语气里，大家知道他很在乎与孔令辉的交情，他和孔令辉兄弟一般的情谊在中国乒乓球历史上是一段传奇。同一个时代、同一项赛事的两位王者，关系保持得这么好，不光在国内，在整个世界体坛上都是少见的。

"奥运参赛权肯定会引起关注，小辉上与不上都会和我扯上关系。"刘国梁说得很明白，"对于我来说，兄弟情谊自然重要，但如何最大程度地保证中国队在奥运赛场上的胜利更重要。"天下了解孔令辉的人之中，刘国梁堪称第一，他说："从小辉角度说，以奥运会的辉煌战绩来结束自己的运动生涯，自然是最好的，但如果他没能入选，也没什么大不了的，毕竟他什么比赛都去过，也都赢过。"

3月17日，众多媒体报道，中国乒乓球队宣布了参加雅典奥运会亚洲预选赛的名单，最后的决定出来了，上届奥运会冠军孔令辉没有入选国家乒乓球队，实际上这已经宣告孔令辉结束了在国家队的辉煌运动生涯，代替他的是小将王晧。

名单宣布后，很多球迷在网上留言，有人说刘国梁太狠，有人说刘国梁不够意思。对此，孔令辉非常吃惊地说："怎么能这么说？这和国梁有什么关系啊？谁去奥运都是为了打出好成绩，而且奥运名单肯定不是一个人可以决定的。"而事实上，在名单宣布后，孔令辉和刘国梁两人都没有关手机，两人都表示要面对现实。

其实在刘国梁成为中国男队主教练之后，孔令辉就和这位兄弟说得很清楚："我要参加奥运会，必须以自己的实力打进去，不希望靠照顾。"

领导是领导，朋友是朋友，为了国家利益，服从领导的决定，为了朋友的友谊，理解朋友的决定，这就是职业化的榜样。

有一次，我去一家企业调研，有一位副总对我们说："在我们公司，谁都不敢批评老板，只有我敢，因为我们是一起创业的，是特别好的哥们。这么多年了，彼此太了解了，别看他是老总，我也不怕他，全公司只有我一个人敢与他争辩。"说完了，这位副总一脸得意。

这家企业的老板见到我们之后说："我现在最头疼的就是那位副总，没错，我们是一起肩并肩奋斗过，一起吃过苦、流过泪，但是公司改制后，我成了股东和总经理，这是我努力的结果。因为这个原因，他心理很不平衡，处处唱反调，思想上始终没有和我统一。拿下吧，不忍心，不拿下吧，阻碍公司发展，我真的很为难。"

这种事情在企业比较普遍，朋友之间可以争论，更谈不上谁服从谁，只要互相理解就好。作为工作中的上下级，可以争论，但是争论之后，上级决策之后就必须服从。如果再以老朋友自居，只讲理解，不讲服从，那么朋友可以保留，上下级关系可能就会停止了。由于价值观不统一，以朋友自居的人总有一天会离开公司，因为这不是个人恩怨，而是为了让公司持续健康地发展下去。

全公司只有我敢和老板辩论！！！

因为领导是自己的朋友，就在同事面前高人一等，到处吹嘘"领导是我哥们，没有人敢管我"。因为领导是自己的朋友，不是带头遵守制度，而是带头破坏制度，搞特殊化，别人不完成业绩可以受罚，他不完成业绩就可以是特殊情况。作为领导的朋友，不主动理解领导的难处，为领导分担，而是只考虑自己的利益或者面子。结果弄得公司不是公司，江湖不是江湖。

还是回到职业化上来，回到"两码事"上来，我们的这些纠结才能找到破解的方法，我们的关系才能回到企业应当有的正常关系上来。

2.公司应当多以伙伴相称，少以朋友相论

有人会说，公司当中多以法律、权力、职务、资历、辈分相称，从而划出了不同的阶层，在法律上股东就是公司资产的拥有者，其他人就是打工者；在权力上就个人而言是董事长最大，总经理和其他人都得听他的。他的职务是部门经理，我的职务是小员工，我就得服从他的领导；他已经有了20年的从业资历，而我还是一个职场"菜鸟"，我与他不在一个级别中；他是创业的前辈，我是刚来的后生，连说话的份都没有……这些其实与商业本质毫无关系的关系，已经深深植根于我们的民族文化当中，由于中国没有经过工业革命和商业文明的文化洗礼，这些来自生活、社会、政治之中的文化，不知不觉中被企业家当成了企业文化，一直影响至今，以至于很简单的公司关系，却变得无比复杂。公司不大，讲究不少，员工不多，事挺复杂，没有把精力放在互利共赢的合作上，放在为客户创造价值上，放在在商言商上，而是放在处理人际关系上，这种企业文化已经严重跑偏了，需要我们及时纠正回来。

美的集团的总经理方洪波十几年为公司辛勤工作，赢得了老板何享健的信任，获得了公司赠与的股权，成为了家电行业的"打工皇帝"。有人问他成功的经验时，他说："职业经理人永远要如履薄冰，战战兢兢，职业经理人与'老板'是不同的概念，老板是天生的，是天才，而职业经理人是严密的机器标准件，是打工仔，靠的是职业的素质和能力。"他还说："职业心态就是要与老板建立相互信任的关系。职业经理人从精神上讲是没有自我的，要坚持工作至上，有时我也为此很痛苦，但必须压抑，因为这是职业操守。"

我不太赞同方总说职业经理人没有自我，也不太赞同他把自己当作"打工仔"的看法，职业经理人不是被动的工作，要尊重老板的意见，执行老板的命令，不等于一定会失去自我。但是，我非常赞同他的一个观点，就是把自己与老板的位置摆得很正。职业经理人永远要知道老板是谁，他可以不是朋友，但一定是雇主，是领导，如果自大到与老板成为"铁哥们"一样的朋友时，与老板分手的日子也就快到了。

同样，下属不把领导当领导，也是领导惯出来的毛病。因为是老朋友，领导就会给面子，可以给予照顾，可以丧失原则，可以失去公平与正义。下属已经落后了，领导既不教育，更不淘汰，年轻人上不来，优秀的人才没有晋升和成长的机会，公司就会死水一潭，毫无生气。因为是老朋友，就可以在下属违反公司制度时，私下说一声："以后不要再给我出难题了，我当领导也不容易呀，下不为例好吗！"然后一再宽容这些错误，导致团队黑白不分，风气开始变坏。因为是朋友，公司所有的机密都和他们说，结果有一天他就会拿这些机密来要挟你，你自己给自己挖了一个大坑。

在一些高科技互联网企业，从老板到员工大家一律以"同学"相称，这种文化值得提倡。这种方式既传承了校园中纯朴的同学友情，又体现同事之间的平等合作关系，更赋予了共同学习与成长的内涵。

我们可以不叫"同学"，但是我们至少可以叫"同事"或者"伙伴"，无论是老板还是打工仔，无论是总经理还是员工，无论是前辈还是后生，无论是高手还是"小白"，我们的人格都是平等的，我们都是在不同的岗位上相互合作，共同成长，共享利益。如果没有打工仔的支持，老板就是光杆司令；如果没有员工的操作，总经理就无所作为；如果没有那些后生的创新，前辈也不能被迫超越自我；如果没有"小白"的鼎力相助，高手就是孤独的剑客。资历和身份不同，并不影响我们的平等相待，年龄与职务不同，并不影响我们的互利合作，因为作为团队，我们的目标是一致的，就是通过取长补短，相互合作，共同成长，为客户创造价值，让公司的持续发展，当然我们也会收获财富和美好的人生。

八、亲属和同事是两回事：在家是亲人，在公司是同事，家族企业的兴衰成败取决于职业化的程度

1.家族企业本身没有问题，有问题的是有些家族"真的把公司当成了家"

据权威统计，《财富》杂志所列的世界500强企业中有40%左右是家族

企业，比如杜邦、大众、沃尔玛、福特汽车、宝马汽车等。在美国，家族企业占96%，日本是99%，中国是80%以上。在许多我们熟悉的中国公司当中，有些也可以算作家族企业，比如恒大、美的、碧桂园、万达、长城汽车等。

由此可见，家族企业是世界性的，但是"家族企业现象"却是中国独有的，这是一种什么现象呢？主要有三大表现——身份不清，管理混乱，寿命很短。什么原因呢？一些家庭成员把公司真的当成了家，用管理家庭的理念和手段来管理公司，用亲属之间的关系来处理同事之间的关系，没有树立"在家是亲人，在公司是同事"，"在家靠亲情，在公司靠制度"的最基本的职业化思想，所以才会产生很多的问题和冲突。最后亲属之间产生了矛盾，造成团队分裂、管理混乱。一些家族企业不是在市场竞争中衰退的，而是被内耗折腾死的。

有一家企业，老公是董事长，老婆是总经理，小叔子是销售总监，小姨子是财务经理，在公司六个部门中有四个部门都由家族成员担任经理，下面员工中的亲属关系更是盘根错结。在创业初期，他们像大多数家族企业一样，没有资金就一起凑钱渡过难关，没有制度就凭信念往前冲。在最困难的时期，员工的工资一分钱不差，家族成员却可以一分钱不拿。年复一年，日复一日，家族成员从来没有加班和放假的概念，他们利益一致，思想一致，没有内耗，没有隔阂，公司很快就成为行业中的领先者。

但是，公司大了之后，就出现了许多新问题。首先是家族成员中出现了许多"特权阶层"，以小叔子为代表的销售人员在公司中似乎高人一等，公司开年会时，销售部的成员就可以不参加，可以自己出去旅游，理由是他们比别的部门功劳大。以小姨子为代表的财务部更是大权在握，副总经理在权限内批准的支出，到了财务部就是不办，理由是财务认为这项开支不合理。员工中的家族成员干活不多，拿钱不少，在额外照顾中得到的利益也不少，他们对外来的、比自己优秀的员工进行排挤，在公司形成了许多小帮派，员工心中很不平衡，工作积极性普遍不高。新来的管理人员、技术人员或者员工，看到这家企业比较"排外"，也都知趣地走了。几年过去了，公司的人才质量与管理水平没有什么提高，企业发展速度也就下降了。

最要命的是在公司最高权力归属问题上，董事长与总经理产生了矛盾。原来老公是董事长兼总经理，现在老婆要出山，总经理的职位交出去了，但是老公对老婆的工作总是不满意，经常去抢总经理的工作，到部门去指挥员工。总经理认为董事长不了解具体情况，也经常代替董事长做决策，对外投资项目等重大事项也不事先与董事长商量，就直接签了合同。结果，董事长与总经理就像普通夫妻一样，在公司大吵了一通，全公司都觉得很烦……

他们厌倦了、无奈了，都深刻理解到家族企业的弊病了，下决心请职业经理人来管理，所以挑选了一位外企的总经理，委以重任，希望从此能正规起来。但是还不到一年，这位总经理就被他们辞退了，或者说是总经理辞职了。原因很简单，一是这位职业经理人不够职业，花钱大手大脚，好几个项目的决策不正确，让公司承受了巨大风险，也不懂得对上沟通，凡事都是自己先斩后奏。二是他们夫妻看不惯总经理的有些作法，什么制度建设、文化建设，什么流程、标准，把自己和家族成员管得死死的，就认为这些东西不管用。另外，总经理要落实业绩考核，把几个亲属的职务都罢免了，结果长辈也来责问，晚辈也来求情，公司又乱套了……他们一气之下，就以总经理越权管理为由把他辞退了。其实这位总经理也早就不想干了，他说："我从来不知道这家公司有什么计划，你上报了计划，他们不说同意，也不说不同意；我也看不到这家公司有什么预算，也不说有钱没钱，反正就是不说清楚，我这个总经理从来都搞不清楚他们到底想要什么。"

这就是我们部分中国家族企业面临的难题，在公司谁说了都算，谁说了又都不算，管理权限不清，老板不懂现代企业制度，任人唯亲；家族成员摆不正位置，拉帮结派，越权指挥，干扰正常的管理秩序；公司中的职业经理人不坚守原则，只看人行事，而不是看制度行事，有的甚至讨好家族成员，不敢大胆管理，要么就是求胜心切，激进改革，最后改革没有成功，还把自己给"砍伤"了。这一切都是由于家族企业缺少职业化意识而产生的。

什么是职业化？就是在家是亲人，在公司是职务，亲属是亲属，同事是同事，各司其职。在生活中，老婆是老婆，老公是老公；在工作中，董事长就是董事长，总经理就是总经理。公司是公司，家庭是家庭，公司按照制度去办事，制度面前六亲不认，公事公办，共同追求经济效益；家庭按照辈份去相处，亲情面前不分你我，相亲相爱，不论对错，追求的是健康与快乐。

现在又出现了一些新情况，许多老板不是对家属成员过分放纵，而是过分苛刻。不授权，少给钱，还以亲情为名，绑架自己的亲属，压榨自己的亲人。特别是对年轻一代，这是对人家极大的不公平，碍于亲情，这些年轻人甘于奉献，但碍于利益，这些人不可能在公司干得开心和长远。

有一个家族企业，老爷子白手起家艰苦创业，先是干建筑行业，然后进军房地产，后又经营了连锁酒店，逐渐形成了集团化管理模式。他有一个特别能干的儿子和儿媳妇，从创业起家就跟随老爷子，十几年如一日，拿着最少的钱，干着最辛苦的活，承担着最大的责任，有时候还要挨着老爷子的责骂。企业做大了，日子好过了，但是小夫妻俩的薪水却没有涨。一谈到钱，老爷子就说："以后公司都是你们的，你们现在谈钱干什么？"但是儿子儿媳妇说："我们要住好房子，不愿意老住在公司里，我们要有自己的私家车，不愿意用公司的车，我们要养孩子，陪伴他成长，而不能只让老人带他长大。如果我们在别的公司打工，我们的年收入是现在的10倍以上。"

利益是矛盾产生的直接原因，管理理念的差异才是矛盾产生的根本原因。老爷子管理苛刻的根源是他受过苦，一般受过苦的人会有两种极端，一种是极其节俭，节俭到对自己都非常苛刻，另一种就是修行到家了，富裕了就会兼济天下。这位老爷子没有那么高层次的修养，更没有现代企业的管理理念，这与新一代管理者公平交易、平等合作的思想格格不入。

这是一种结构性矛盾，是很难解决的，我们做管理咨询这么多年，很多模式和方法在改变人的思想方面，作用是非常有限的。特别是对60岁以上的老人，你想改变他固有的价值观，几乎是不可能的，所以最佳方案就是各自干各自的。你用你的老一套办法，我用我的新一套办法，我们最后用事实说话。因为他们集团连锁酒店的效益非常差，多年亏损，我就给小夫妻出了一个方案，主要是集团公司以后不用再投钱，把酒店交给儿子儿媳妇全权经营，老爷子的股权转成债权，股权由小夫妻所有，在对外宣传上酒店还是集团的子公司，实际已经与集团毫无关系。

事实证明，只用了一年时间，连锁酒店就实现收支平衡，然后一直盈利至今。有一次夫妻俩又来上我的课，跟我说了一件事，老爷子这两年衰老了许多，还经常一个人感慨，感慨自己老了，跟不上形势了，看到他们的酒店经营得很好，而集团公司却步履艰难，从内心当中感受到过去的管理理念和方法确实是落后了，有意让他们来接管集团公司。试图直接改变人的观念是非常难的，但是可以用机制避免冲突，用事实数据让人反省。

任人唯亲，权力垄断，不加监督，随意用人，只讲亲情，不讲契约，这都是我们部分家族企业管理上的弊端。不学习，不进步，不更新观念，自以为是，因循守旧的思想阻碍着中国部分民营企业的再发展，法人治理结构的建立和现代企业制度的落地需要几代人的努力才可以实现。好在现在觉醒的公司越来越多，经营权与所有权分离，大量使用职业经理人，并建立约束与激励相结合的机制，用契约精神来处理相互之间的关系，企业的管理水平比以前有了很大的提升。

值得注意的是，有的公司在制度上规定亲属不准进入公司，试图从制度上避免家族企业的弊端，有人说这是一种进步，其实这是一种无奈的选择。不让亲属在企业中工作，不是解决问题的最好办法，最好的方法是家庭成员与其他员工都职业化起来，价值观一致、能力强、坚持自律自强的家族成员是我们企业的财富，不应该一味地都屏蔽掉。

老板要告诉员工，我们是家族企业，但我们更是一家职业化的公司，家族成员在公司就是职务，甚至可以说就是符号，我们要淡化"家族色彩"，同时要求家族成员在公司必须称呼职务，带头遵守公司制度，不在员工中搞小圈子，起到模范带头作用。是否能够留在公司，是否能够担任某个职务，一律通过业绩表现来最后判定。

2. 内心接受"生人文化"，要从董事长做起

我们去过一家私营企业，是经营矿山开采的，老板过去没有做过企业，有过一段艰苦创业的过程，也有一些资金积累。他最大的特点就是商业嗅觉特别灵敏，善于抓住机会，在行业低谷时期收购了两个矿山，设立了两个选矿厂，几年后原材料大幅涨价，他的企业一下子发展起来，效益奇好，可以说是日进斗金。

第一个矿山和选矿厂是老板亲手干起来的，在企业创业初期，条件很艰苦，待遇也不好，加上厂子的位置非常偏僻，没有电视，没有商店，没有手机信号，白天进矿山，晚上看月亮，没有多少人愿意长期干下去，老板只好大量任用自己的亲属，他们凭着对家族的忠诚，坚守岗位支撑着企业。

这些亲属多数没有文化，有的就是从地道的农民一下子成了企业的管理干部，他们分兵把守着公司的重要岗位，比如设备采购、矿石销售、工程招标、选矿管理等，可以说，公司的命脉就掌握在家族成员手里。

一段时间以后，工厂的管理遇到了很大的障碍，这些家族成员对外来的管理人员非常不信任，优秀的人才不愿意来，来了以后人才也无法放开手脚抓管理，大家都小心翼翼地做事，管理效率低下，浪费现象惊人，企业发展极不稳定。另外，家族成员也分成几派，有人还在业务中拿回扣，侵害公司的利益，出现了一些"家贼"。老板也经常大骂那些没良心的家族成员，但是并没有什么实际行动，因为在他的心目中有一个观点——肥水不流外人田，回扣毕竟是进了自家人的口袋。正是这种熟人文化和人治思想严重损害了公司的机体，公司效益低于行业平均水平，企业发展跟不上技术进步，最后只能陷入恶性循环的状态。

后来，老板又买了一个选矿厂，听取我们的意见，管理团队聘用的全部是职业经理人，没有一个家族成员在其中任职。结果怎么样呢？新厂收购时日产量是 2000 吨，时隔九个月之后，产量已经接近 20000 吨，矿山还是那个矿山，设备还是那些设备，老板还是那个老板，但是为什么过去和现在不一样呢？为什么同在一个老板的领导之下，老企业管理混乱，新企业却欣欣向荣呢？因为新厂里没有一个老板的家属，管理人员得到了巨大的信任，他们从一开始就明确了考核分配机制，强化岗位责任，梳理了作业流程，工人每天盯着自己增加的产量，维修人员每天盯着自己的设备作业率，因为这就是他们每天的工资和奖金。员工的工资高了，优秀的人才就会被吸引而来，企业就有条件百里挑一，优胜劣汰，员工素质得到明显提高。就这样，员工素质提高了，企业效益就更高了，员工收入又更上一层，招聘的人才也就越来越优秀，企业进入了正向循环的良性发展状态。

中国的许多家族企业正在经历职业化的历史变革，这个变革的彻底程度，首先取决于董事长能否先让自己职业化起来，能否真正把亲属与同事区分开，把家庭与职场区分开，下力气去掉家族内部以情感为主的随意性做事方式，转而采用制度化、规范化、职业化的管理方式。同时，采取有效措施，将不适合公司发展但曾有历史贡献的亲属边缘化，或者为他们另起炉灶，让他们做一些独立于公司体系之外的生意，以保证职业经理人得到充分的信任和尊重，激发起他们的工作热情和管理潜能。当然，我们也不能走向另一个极端，对职业经理人也要用制度做好监督与检查，授权不等于放纵，授权有多大，监控就要有多严，在企业制度化与规范化的过程中，加速团队的职业化进程。

九、商业和友谊是两回事：客户是客户，朋友是朋友，别把客户当朋友

友谊是一种以信任为前提的亲密关系，友情是以奉献为核心的无条件的

友爱之情，友谊之中可以有自愿的互助关系，但是不能掺杂商业交易关系。正所谓君子之交淡如水，两肋插刀不谈钱。从某个角度来讲，在所有的商业交往中，真正的友谊是不存在的。

人们常说，买卖不成情谊在，说的是这次买卖做不成了，我们至少还可以保留这份情谊，给以后的买卖留一个基础，但情谊是在生意后面的，是次要的。一旦生意来了，情谊就不重要了，商业合作、共享财富才是最重要的。所以，生意中的"友谊"都是为了谈生意，如果失去了生意，友谊也就无法存在。

在公司里，从职业化的角度讲，要与客户保持适当的距离，如果过于亲密，成为无话不谈的朋友，我们就没有办法真正做成生意。如果把朋友之间的个人关系凌驾于公司的利益之上，那么我们就不再是公司的雇员，而成了客户的私人朋友。

有些业务员与客户过于亲密，在闺蜜式的密谈中，在哥们般的酒局中，无意间透露出很多公司的秘密，而对方却借此机会了解到公司的内情，并调整相应的商业策略。有些项目经理与客户过于亲密，表面上成了无话不谈的朋友，但在工程结算的时候，却让人家知道了自己的家底。有些采购员与供应商过于密切，成为了不分彼此的朋友关系，尤其是在商定供货价格的时候，往往会让出不应当让出的利益。

商业交往中要客气，重要的是利益，礼节上过得去就好，体现尊重、平等、互利，但要始终认清这不是友谊。生活交往中要友情，不要谈利益，两个人不做生意，还有温暖而真挚的关系，那才是真正的友谊。所以，我们必须把客户与朋友区分开，是客户就要互利共赢，而不要掺杂过多的私人友谊；如果是私人友谊，就不要把对方当成客户，最好不要谈利益。

1.对客户要客气，但是不能太亲密，否则无法做生意

我们可能都有这样的经历，朋友向你借钱，但是你很纠结——不借吧，

不够意思，借吧，又怕对方不还；如果对方不还钱，你要也不是，不要也不是，要么朋友说你不讲义气，要么是自己哑巴吃黄连。这种事情的背后是我们如何处理商业与友情的关系，在公司中，供应商、渠道商、终端客户，都是我们的客户，把客户当成朋友，还是当成商业伙伴，这需要分清主次，才不至于最后生意做不成，朋友也做不成。

从职业化的角度上讲，如果是真正的友情，你就要无条件地帮助，朋友之间不要有商业利益关系，即使是朋友之间做生意，也要把互利共赢放在首位。商业做好了，朋友关系才稳固，商业做不好，有可能会伤害到朋友关系。如果是商业，你就一定要按照商业的规则办，对待朋友也一样，要在商言商、谈好条件，朋友的好处是可以减少信任成本，缩短谈判的时间，甚至一句话就可以口头约定合同条款。当然这是极其特殊和深厚的友情之下才能做的事情，不能作为正常的商业手段，朋友之间也要签订合同，同时需要考察就考察，需要调查就调查，需要担保就担保，需要订金就要付订金，把合同签好了，总比以后出现问题要省力气。先小人，后君子，大家做生意才开心。

有一位采购员，做了五年采购工作，老板非常信任他，一般情况下的常规大宗采购都不过问，他与供应商的关系也特别好，从来没有出现过什么矛盾，合作关系一直不错。适逢某年原材料价格上涨，供应商要求提高价格，并且要先付款，后交货，否则无法承受市场的压力。这位采购员还是与供应商谈友情："咱俩都合作这么多年了，我还会骗你不成？价格可以高一点，但是必须先交货，后付款。"供应商想来想去，看在这么多年交情的份上，也就咬牙答应了。

但是货送到了，财务觉得价格高了，给老板看付款审批单，老板不高兴地说："这么高的价格，不行，你告诉他们还要按照原来的价格走。"采购员怎么解释也不行，无奈只好告诉供应商，价格要降低。

这下供应商火了，打电话跟老板说："为什么讲好的价格又不算数了？不合作可以，但是你们不能这么合伙欺负人啊？这么多年，你们哪条要求我没有答应过？你们的公事私事，我都帮了。我一直把他你们当成好朋友，朋友之间怎么能说话不算数呢？"

老板明白了，这是拿人家手短呀。最后还是答应了供应商的要求，工厂多付了近两万元的货款，然后老板把这位采购员调到生产部，同时也定下了一条规矩——今后采购员连续任职不能够超过两年。

在商业交往中，合作伙伴难免产生私人交情，有时候我们也常说"做生意就是交朋友"，从友好合作、互相理解、长期共赢来讲，这是没问题的。但是，如果真正成了私人朋友，并把这种私人关系放到高于公司利益之上的时候，这种朋友关系就是不职业化的行为。因为维持这种朋友关系有时候就会以牺牲公司的利益为代价，而这样做的结果，只能是朋友变成陌生人，甚至成为仇敌。

2. 先小人，后君子，亲兄弟，明算账，这样做生意才会长久

约翰·D.洛克菲勒有一句名言，"建立在生意上的友谊远比建立在友谊

上的生意来得好"。我们主张尽量避免与朋友做生意，但不是反对与朋友做生意，与朋友做生意可以，但是为了长远的友情，更需要按照商业规则去做，坚持互惠互利，等价交换，白纸黑字，兑现承诺。把所有的丑话说在前面，把所有的风险考虑周全，把所有的得失算清楚，这就是我们常说的先小人，后君子，亲兄弟，明算账。

有一家公司准备采购一个网络服务器，市面上质量较好的服务器价格大致是三万多元，总经理觉得有些贵。这时候，一位副总说自己有一个朋友就是销售服务器的，产品是进口的，质量一定好，总经理就让他去打听一下，结果同等规格的产品才1.8万元。总经理觉得价格很优惠，就问副总："你这位朋友没有什么问题吧？"副总拍着胸脯说："肯定没有问题，都是老朋友了，有问题我来解决，包在我身上了。"总经理当场决定购买一台。

安装、开机、调试都没有任何毛病，但是刚过了两个月，服务器就出故障了。副总的朋友开始态度还不错，及时过来修理，但是由于频繁故障，他就说修不好了，再叫也不来了。总经理很生气，要求按照保修条款换一台。这时候副总说："我现在才弄明白，他们公司销售的都是水货，所以才价格便宜，水货都是没有保修服务的，更不用说退换了。"

总经理听了，十分生气，又无可奈何。副总觉得自己被骗了，觉得朋友不够意思，要与他断交。他的朋友也觉得很委屈，即便是水货服务器，价格也降到最低了，自己没有挣到钱，还上门服务好几次，更是仁至义尽。本来是一件好事，最后变成了坏事，三方都不满意，领导也得罪了，朋友也离去了。

为什么会出现这种情况呢，因为我们不懂得经营商业与朋友相处的原则是不一样的。做朋友的原则是友情第一，利益第二；而做商业是利益第一，友情第二。在商业中，只有利益保证了，大家的友情才会更好，如果利益没有了，友情也就可能消失了。因此，最好的方式就是朋友之间不做生意，如果要做生意，必须利益第一，合同第一，这样才能防止伤害到友情。

我们强调要把"工作的我"和"生活的我"分开，是为了大家有意识地修炼自身的职业素养，防止让生活干扰正常的工作，也防止把工作带入生活。

工作是工作，生活是生活，这是我们处于职业化修炼初期的必修课，也是我们职业化的处世原则。如果有一天，我们突然感觉到，工作就是生活，生活就是工作，二者合为一体，彼此不可分割，工作就是一种生活享受，那就说明你已经进入职业化修炼的更高境界了。

第七部分

五项修炼
——职业人的行为训练

职业化不是天生的，需要社会商业文明的影响、公司有意识的训练，再加上自我修炼，三者结合最后才能成功。我们要看到，中国社会商业文明的气氛正在形成，中国企业对职业化训练也越来越受重视，中国员工职业化和自我觉醒的意识在不断增强。作为商业组织，作为社会组织的一个单元，作为员工职业化成长的主体责任人，企业肩负着对员工进行职业训练的不可推卸的责任。

训练就意味着改变，改变就需要原则和方法，方法来自于成功经验的总结，下面我们将五项修炼介绍给大家，从简单入手，从关键入手，打开职业化的大门。

一、人性不好改变，但是环境可以改变，用环境营造职业化的氛围

1.硬件环境可以改变，氛围会影响人的心境

我们生活在一个环境不断优化、美化的时代，能够切身感受到环境变化给人们思想行为带来的变化。过去我们坐老式的绿皮火车，设施陈旧落后，乘客拥挤，空气污浊，环境很差，所以大家可能会随意丢弃垃圾。现在我们坐上了高铁和动车，车辆设施先进，宽敞明亮，舒适洁净，大家就会自觉地维护良好的卫生环境，也自觉改变了随意丢弃垃圾的陋习。过去的农村，经济发展水平低，基础设施简陋，人们有很多不文明的生活习惯，现在随着社会主义新农村建设的推进，出现了园林化村庄、便利的生活用水系统、生态化垃圾循环处理设备，农村生产生活的硬件环境发生了天翻地覆的变化，村

民们的生活观念和生活习惯也随之发生了变化。

这是典型的"环境影响论"的成功实践，洁净、舒适、优美的生活环境，对人们的内心产生了潜移默化的作用，并表现在日常的行为举止当中。

同样，一家企业的工作环境，对员工的思想行为是有很大影响的，整洁宽敞的办公楼、安全环保的生产车间、清晰规范的指示标识、绿草如茵的休闲空间、荣誉满满的产品陈列室、让人感悟与思考的文化墙、设施齐备的健身房、温馨典雅的咖啡屋、自由开放的办公间、智能时尚的办公系统……无不体现着一家企业的文化、素养和追求，在这种环境中工作和生活的员工，会受到潜移默化的熏陶，工作虽然很辛苦，但是心情很舒畅，员工工作的积极性和主动性相对来说就会很高。

首先，良好的工作环境让员工感到很自豪，能为进入公司工作而感到荣幸；其次会感受到井然有序的工作状态，自觉提升自己的工作效率；最后可以感觉到公司对员工的关爱，感觉工作并不枯燥，而是充满着乐趣。

在这种环境下，人性当中的懒惰、傲慢、随意、低俗，就显得与整个环境格格不入，就会有意识地发生改变，这种外在的影响时间长了，不职业化的行为就会慢慢减少，职业文明程度会越来越高。

2.软件环境可以改变，文化熏陶人的内心

仅仅有外在的"硬环境"还不够，真正的起作用的是"软环境"，是指我们的文化价值观和由此产生的职业化行为。

我去一些企业参观，就会感受到他们的职业化水准。当你走进办公大楼，接待人员会提前在门前等待；当你步入会议室，准备听取企业情况介绍时，会有一杯水和纸笔放在你的面前；当你去车间参观时，除了陪同人员之外，没有人对你产生好奇；当你参观完毕走出公司时，送你的汽车已经在大门外等候……所有的计划都是安排好的，所有的流程都是设计好的，所有的工作都是按照计划执行的，没有随意性，没有临时更改，会让你觉得一切都

是那么严谨、周到、合理和高效，这就是一种"软环境"。

环境可以影响人，也可以改变人，如果一家公司强调的就是职业化，他们的核心文化中就是职业化思想，那么时间长了员工就会受到这种文化的影响，成为职业化队伍中的一员；如果一家公司强调的是江湖文化，那么你就会看到公司里到处是"团伙"，到处是"帮派"，义气第一，制度第二，工作随意，效率低下，互相扯皮，管理混乱不堪。

有一次，公司的老板正在与香港客户谈判，一位老员工穿着一身油污的工作服走了进来，进屋也不敲门，大声喊道："老大，兄弟们都等着你呢，你怎么忘了？"结果，这位港商谈了一半就不谈了，找个借口就走了。老板当时不知道是什么原因，后来才知道，港商认为这家公司员工的职业素质太差，要重新考虑合作的事情。老板当时就下了命令，以后谁再叫大哥、二哥这些江湖称呼，就每次罚款100元，公布完之后说了一句："兄弟们，你们听清楚了吗？"下面员工一阵大笑，老板突然感觉到自己犯错了，立即拿出了200元钱。有一位销售总监由于改不了这个习惯，被罚过800元，他们还请了专门的商务礼仪老师。我们去培训的时候，有些员工就说："我以前不愿意在这家公司工作，搞不清这里面水有多深，表面上都是兄弟，但实际上都是利益，然后大家还心照不宣，都在揣摩人心。现在不同了，把利益谈清楚，大家就是合作关系，领导们说话也很文明。大家都知道这是用了一年时间罚出来的文明，但是不管怎么样，这种文明的氛围产生了良好的作用，外来客户再也不会感到这家公司的江湖气，而认为是一家非常职业的公司。"

3. 制度环境可以改变，制度会规范人的行为

除了外在环境、文化环境之外，还有一个制度环境，一个企业的制度是否以职业化为立法精神，对员工职业化的成长影响非常大。

制度是为了实现某种目的，根据人们的约定而建立的行为规范。公司的制度化建设，通常遵循两个原则，一是效率原则，二是公平原则。所谓效率原则就是一家公司所有人的行为必须符合规范，降低不必要的内耗与成本，从而提高组织的运营效率，最终在效率中获取效益。所谓公平原则，就是要公正而平等地对待公司中所有的人，并要求公司中所有的人，在制度面前一律平等，绝无例外。但是，不是所有的员工对公司的制度都能够理解，这就需要职业化的启蒙，从启蒙到理解，从强迫到自愿，从思想到习惯，这就是职业化修炼的过程。

为什么公司规定上班不能迟到？为什么迟到了要扣全勤奖？因为你迟到了，没有赶上晨会，你就不清楚工作任务，领导要再给你单独讲一次，这就是浪费人家的时间，降低了别人的工作效率。因为你迟到了，你的工作就会由其他的同事代为处理，这对别人就不公平，如果不对你进行处罚，就是对按时上班的员工不公平。

为什么有的公司规定员工不得打探他人的工资？因为人性有弱点，人都

有攀比之心，心态修炼不好的人，一旦发现条件相似的人比自己挣得多，就会对他人产生嫉妒心，进而对公司分配制度产生不满情绪，影响人们的工作效率。与其试图改变人性的弱点，不如屏蔽人性的弱点，不允许互相知道，这就减少了很多猜疑。

为什么员工吃了回扣，就要被辞退，甚至要追究法律责任？因为吃回扣就是用公司的利益换取私人的利益，公司利益受到损害，也就是团队的利益受到了损害，不严肃处理的话，对股东、对员工都不公平。

为什么有的公司禁止员工加班？因为公司认为，工作的目的是为了生活，生活不快乐也会影响工作。在上班时间不能完成工作任务，说明你的工作效率不高，你应该去提高自己的工作效率。

有一句话叫"制度无情人有情"，表面上看很有道理，实际上是完全错误的。制度是有情的，只是这个"情"不是对少数人的"情"，而是对大多数人的"情"。制度是禁止性规则，但那是为了多数人的合理利益。制度不是机械的条款，而是有灵魂的约定；制度不是冷冰冰的禁止，而是有温度的关怀。对于职业化修养程度不高的员工，最初可能会难以适应制度要求，但是经过一段时间的磨合之后，员工会理解好的制度给自己的成长帮助，让自己懂得了许多职业化的道理。如果公司的制度成了大家的习惯，就形成了制度环境，新来的人会在这个环境中得到熏陶，从进入公司的那天起，在了解公司规矩的过程中，自己也会逐渐提高职业素养。

所以，职业化可以从改变环境开始，改变我们的外在环境，改变我们的文化环境，改变我们的制度环境，职业化的环境决定职业化的行为。

二、多数人不好改变，但是少数人很好改变，少数人可以成为职业化的"硬核"

许多企业家对我说："我们的团队都快成团伙了，公司出现了法不责众的现象，打造职业化团队太难了！"他们已经习惯了江湖文化，他们不懂得为谁工作，不积极进取，不主动学习，不创造性地开展工作；遇到困难就退让，遇到责任就躲避，遇到好处就去抢；他们抱着打工的心态，上班就是混日子；他们不敬畏制度，认为制度是给别人准备的，不是让自己执行的；他们常常把别人犯错当成自己犯错误的理由；他们不讲协作，讲团伙利益，不讲原则，讲义气。要提高职业化水平，说起来容易做起来难呀，如何解决"法不责众"的问题呢？

1.先改变中高层团队，再改变员工，自上而下去变革

一些企业的多数人不职业化，这是现实，但不是我们不变革的理由。企业中不职业化的现象如此严重，已经严重影响了企业的持续快速发展，我们就必须变革员工的思想与行为，让团队职业化起来。这是不用讨论的，我们需要讨论的是如何打造职业团队，如何让企业持续成长，这才是正确的选择。

职业化修炼从哪里开始？从领导开始，从中高层开始，让少数人先修炼起来。

有一家科技型生产企业，由于行业技术门槛比较高，虽然老板投入了大量资金，但是研发进度比较缓慢，公司只有投入，没有收入。一遇到这样的问题，技术部会说："销售部不反馈市场信息，我们怎么制定研发策略啊？"销售部会说："技术部拿不出产品来，我们怎么去销售？"这是典型的推诿扯皮的不职业化行为，最终结果只能导致销售部的成员无事可做，技术团队的成员两眼迷茫，公司陷入一个死循环。

对于初创的技术型公司来说，技术部门永远是公司第一结果的输出者，也就是技术部应当对市场需求有基本判断，先定义第一代产品功能和架构，再组织所有的资源集中研发第一代产品。这个产品不一定是完美的，但一定是有市场的，价值不一定是最高的，但一定是能够产生现金流的。因此，老板要打消研发部经理的完美思维，有一个能卖的产品，总比大家默默等待要强。

难道只有技术部研发出产品，销售部经理才能去销售吗？公司的研发方向非常清楚，产品功能和市场定位也非常清楚，虽然没有产品，但可以先提出产品说明和服务解决方案，积极到市场中寻找目标客户，跟他们达成合作的意向。一旦有了产品，就先让意向客户试用，试用的数据可以及时反馈给技术部。消极等待永远不会有结果，没有条件创造条件也要去做营销，这才是营销存在的价值。

员工没事干，不是他们消极怠工，而是不知道干什么和怎么干。员工感到迷茫，不是员工不努力、不勤奋，而是我没有给员工指出明确的方向和安排具体的计划。先要做出改变的，不是员工，而是管理层。中高层团队改变了，员工自然而然会改变，星星之火可以燎原，我们管理层要先把自己燃烧起来。

2.先抓好一个典型事件，再改变整个局面，以点带面去变革

公司中日积月累的陋习比较多，有些甚至成为团队的普遍习惯，这时候

老板就要学会发现典型事件，并把事件的效果放大。通过对某件事的处理，大力提倡职业精神，在公司起到震撼人心的作用，形成集体记忆。

有一家生产电路板的公司，产品升级换代之后，主要面向中高端客户，这些客户对产品质量要求非常高，但是由于新产品工艺比较复杂，员工还不太熟悉，操作起来还不太适应，所以造成了一些次品，引起了客户的投诉。情况反馈回来之后，生产部长在车间大骂员工，脏话连篇，让人不堪入耳。这位生产部长是老板的弟弟，在员工心中产生很大的负面情绪，结果一个班组集体辞职，公司生产一度陷入混乱。其实这种管理简单粗暴，不尊重员工的现象，在中层经理当中比较普遍，如果逐个去启发教育，培训成本会非常高，最好的方法就是抓住这个经典事件，放大事件效应，做一次严肃的职业化教育。

在老师的引导下，老板把生产部长叫过来，严肃地指出："员工犯错是领导的错，我们没有给员工讲清楚工艺要求，没有对员工做好培训，没有跟进做好现场指导。出了问题以后，把一切责任推给员工，并且以不友好的态度对待没有过错的下属，自己不自省和改过，却向员工发威，这就是错上加错。你是生产部长，你的责任就是帮助员工提高技术水平，提高操作技能，你没有资格侮辱员工的人格。"

生产部长深知自己的错误，决定改过自新，向辞职的班组长承认错误。第二天，准备辞职的班组长带着员工，又回到了工厂。通常情况下，大多数公司把这件事情处理到这个程度就可以了，但是这个老板决定把这件事情做成职业化教育的经典案例，于是在下班前一个小时通知所有员工开会。

在会上，老板说："我们平时开会，多半是讲业务问题，今天我们就讲讲职业化的问题。"他让人力资源经理把生产部长的事情讲述了一遍，然后自己先向员工深深鞠躬致歉。老板动情地说："经理对员工出现粗暴的管理行为，都是我惯的毛病，以前曾经发生过，但是我没有阻止这些经理，认为他们这样做也是为了公司好。我现在理解了，在人格上我们都是平等的，只是岗位的价值不同而已，老板和员工都要相互尊重，这就是我们职业化的开始。"

老板把生产部长叫上来，要求他当着所有员工的面，向被骂的员工赔礼道歉。生产部长走上台来，向大家鞠了三躬，诚恳地承认错误，并保证今后有问题就说问题，对事不对人，员工出错以后自己也要担责，并同意接受公司的处罚。

接下来按照老板的事前安排，人力资源部经理公告了处罚决定：扣除生产部长三个月的奖金，如果再出现辱骂员工的行为，公司将予以辞退，并且这个规定适用于所有管理者，希望大家以此为戒，深刻反思，加强自我约束。从此以后，这家公司再也没有出现经理辱骂员工的现象。

对于一些职业化基础不好的企业，职业化建设需要一个漫长的过程。比较有效的方式之一就是抓住一些典型事件不放，不仅要严肃处理，还要讲清职业化的道理，最后形成职业化的规范制度，形成长效约束机制。

三、灵魂不好改变，但是习惯可以改变，良好的习惯会成就公司

对于生命意义的追求，对生命真相的探索，对自己灵魂的洗礼和修炼，对自己信仰系统的重新整理与再塑，是一种非常高层次的修行。但是公司既不是教会，也不是寺院，公司是互利共赢的平台，是团队成长的舞台，通过为客户创造价值，为社会做出贡献，而获取个人的财富和成就感，公司没有义务去改造员工的灵魂。改造灵魂的事情，要么靠自我修行，要么交给其他社会组织去完成，公司要做好自己的本分。

现在有些老板连生意都不做了，拜大师，去闭关，学秘籍，练神功，如果投入的是正宗正派，走的是正路正道，学的是正知正见，此乃三生有幸。若落入旁门左道，学的是歪理邪说，就难免会步入走火入魔的歧途。这些老板本来自己就是一知半解，回来之后还要带领员工修炼，要么想拯救员工的灵魂，要么想感召员工，要么想普渡众生，这些做法都偏离了企业文化建设

的目标，以及职业化要达成的目标。老板个人去参禅悟道算是一件好事，但前提是你先把团队职业化建设好。

打造职业化是一个漫长而艰苦的过程。也是一个"痛并快乐"的过程，随着职业化程度的提升，团队当中有一部分人，开始向往对生命意义的追求，此时的自我修行和职业化可以相互促进。如果这个人大彻大悟，就会懂得职业化修行本身就是一个灵性成长的过程，因为修行不在深山里，而是在红尘中。

1.活在当下，先改变习惯，再改造灵魂

既然改造灵魂还需要走相当长的一段路，那我们就活在当下，改变我们的习惯，改变那些不职业化的习惯。改变习惯的方法有培训，有现场指导，有制度约束，有奖惩。当不良的习惯开始向好的方向转变时，我们要施以鼓励，强化自我认知，形成心智模式，那些不职业化的习惯将逐渐转化成职业化习惯。

有一家软件公司招聘了一位"海归"，在销售部当售前工程师，他每天要跟许多客户做电话沟通，讲解公司的系统与技术解决方案。不过他说话有一个毛病，就是每说一句话后面都加一个"嗯哼"，这是在国外长期生活养成的说话习惯，但是在中国，特别是商务交往当中就显得非常别扭，不合时宜。销售部长意识到这个问题，跟他说了很多次："我们是做技术服务的，客户大都是国内企业，如果这种说话习惯不改变，他们会认为我们很傲慢或者是在敷衍，这是中西文化不同造成的，我们只能顺应客户的文化习惯。"这位"海归"工程师也表示要改，也意识到对方对他这种说话方式不是很习惯，甚至会影响到订单的成交，只是他也很无奈，因为时间太长了，这个习惯有些改不过来了。营销经理采取了一个特别有效的方式，他给坐在这位"海归"对面的一位售前工程师布置了一项任务——监督这位"海归"的语言表达，每"嗯哼"一次，就在墙上的记录栏中打一个勾，一个勾代表10块

钱，每月结算一次，钱用来给大家买水果吃。结果，第一个月一共打了100多个勾，第二个月就变成了20多个勾，到了第三个月只有5个勾。

习惯就是这样改过来的，一是本人经过业务上的挫折，有意识要改，但自己没有自控力；二是我们运用外部的监督和奖罚手段，让他内心不断产生自我察觉，从自我暗示变成心理定式，时间长了这个心理定式就变成了潜意识，一个习惯就改过来了。

2. 改变习惯，需要给方法，而不是洗脑

从学校刚刚毕业的大学生来到公司，其中一个习惯就是说话滔滔不绝，很简单的事情却要讲得没完没了，再结合一个几十页的PPT做一大通分析，大家听了一场"口才秀"，但是没有听到关键的内容。在讲效率的职场，这个习惯就很不职业化。那么如何改变这个习惯呢？作为他的主管，要告诉他——你的身份已经发生了变化，要从学生变成职业员工，职业员工必须具备成本意识，在公司时间就是效率。然后告诉他汇报工作的基本步骤和逻辑，比如"5W2H"方法，即"WHY——为什么，WHAT——是什么，WHERE——何处入手，WHEN——何时完成，WHO——由谁来承担，HOW——怎么做，HOW MUCH——投入产出是多少"。告诉他每个环节五分钟，一共35分钟汇报完毕，如果领导再问就再做回答。用格式化语言，用时间界定，用几次汇报的实际效果，让刚刚入职的大学生体会到公司的做事原则和风格，时间长了，汇报效果好了，沟通效率高了，一名干练的职业精英也就诞生了。

某公司高薪挖来一位销售经理，此人业务能力非常强，来了没有几天就谈成了几个大订单，老板高兴，下属佩服，但他有一个最大的毛病，就是看不起销售团队，表现得无比傲慢。每次订单成交之后，都会在团队面前自吹自擂一通。另外，他也看在不起公司严谨的工作方式，感到不自由，所以表现得很散漫，开会经常迟到，别人按照规定发言10分钟，他就要超时；别人

都要交月计划，就他不交；让他在中层经理会上汇报工作，他说自己只向总经理汇报。

这种"空降兵"的人品没有问题，能力又非常强，就是他在原来的公司养成了很多江湖习惯。如果这种习惯不能改变，就会毁掉我们公司良好的文化。遇到这种情况，总经理和人力资源经理就要找他谈话，首先充分肯定他做出的业绩，赞扬他超凡的业务能力。其次要给他讲明，正是因为销售团队能力不行，才需要你来训练，如果你不能训练这个团队，那我们就失去了请你来的意义。还要跟他讲，我们公司的文化是开放分享、坦诚沟通，如果你不能融入到公司严谨的工作作风当中去，就会给相互合作造成影响，这对你将来创造新的业绩非常不利。这是讲道理阶段，目的是要让"空降兵"认同我们的管理理念和职业文化。如果他不认同，要么不再合作离开公司，要么双方签订一个代理销售协议，变成一种外部合作关系。如果他认同我们的文化，也希望可以改变自己的江湖习惯，我们就要约定一些基本的规则。比如，我们建议把团队的业绩总额，作为他业绩提成的基数，如果你把团队培养得好，这个业绩基数越大，你的收益就会更多。明白了道理，又有利益，公司也对他没有任何成见，他也看到了发展前途，他就会留下来按照我们的文化与风格去工作，一个老江湖最后也可以变成职业精英。

我们不一定要去改变一个人的信仰，但确实可以改变一个人的习惯，这个习惯就是职业化的习惯。倡导职业化理念，教给职业化方法，这个理念就是大家共同认同的"尊重他人、节省成本、提高效率"，这个方法就是科学高效的管理手段和工作流程。

四、社会不好改变，但是企业很好改变，企业要成为社会文明与进步的引领者

在职业化的进化过程中，我们经常会听到有些老板抱怨："我们是企业，

我们生活在这个社会里，我们无法规避一些社会不良风气对企业的影响，比如拜金主义、自私自利、贪图虚荣、'佛系'生存，甚至一些人已经没有什么信仰了，一些人存在一夜暴富的浮燥思想……"公司不是与世隔绝的桃花源，社会不良文化肯定会影响公司里面的人，所以我们看到有些年轻人不愿意吃苦，中年人不愿意担责，有些缺少职业道德的人在寻找机会谋取私利，我们作为一家企业对抗不了外部环境的影响，这种观点对吗？显然是错误的。

1.企业要承担社会责任，不仅要创造物质财富，还要创造精神财富

企业精神财富的创造体现在通过培养员工，服务客户，影响社会，进而传播文明和公共道德，推动人类素质的提高与社会进步。

社会改变不了，那么就改变我们自己的企业，无数个企业改变了，这个社会也就改变了。凡是优秀的企业都有特立独行的文化，某些文化还与社会文化格格不入，就像《基业长青》一书当中所描述的那样，高瞻远瞩的企业应当有"利润之上的目标"，树立起"教派般的文化"，"不管外在环境怎么变化，即使环境不再利于我们拥有这些价值，甚至使我们受到惩罚，我们依然如此"。企业文明应当高于社会文明，企业道德应当高于社会道德，企业应该成为社会文明的引领者和促进者。

在改革开放初期，人们的思想还停留在计划经济的"等靠要"上，自卑、懒惰、不负责任、漠视产品质量等，这些都是比较有代表性的员工思想。以产业报国为已任的海尔公司，最先向这些落后的文化宣战，张瑞敏砸冰箱就是当时最有影响力的事件。表面上他砸掉了76台有质量问题的冰箱，实际上是砸醒了人们麻木的灵魂，唤起了大家的责任心。即使到今天，人们视产品与服务质量为生命的意识，无不受到海尔文化的影响。

现如今华为、小米、阿里巴巴、格力等一批优秀企业，不仅取得了业绩上的世界影响力，他们的企业文化也影响着社会文明的进步。以华为为例，

任正非提出的"以奋斗者为本，以客户为中心，坚持长期艰苦奋斗"的企业价值观，不仅深刻影响着华为人的思想价值理念，同时也影响着一大批中国企业的文化，"向华为学习"一时成为全民浪潮。

纵观国外，也是如此。第二次世界大战结束后，作为战败国，日本社会经济崩溃，国土满目疮痍。但是23年以后，日本迅速成为世界第二大经济体。是什么原因让日本创造了经济的奇迹？除了美国的大力支持等外在因素外，日本国民精神的重振也起到了极为重要的作用。如果细心研究会发现，日本国民精神的重振并不是以政府和党派为主导的，而是以企业为主导的，就是松下、索尼、丰田、本田这些企业，他们用强大的企业文化教育员工，影响社会。所以在日本有一个奇怪的现象，社会文化深受企业文化的影响，企业文化与社会文化几乎是相近的，甚至是相同的，社会文化就是企业文化，企业文化就是社会文化。而且在不同企业中，企业文化却非常相似，日本企业文化主要的核心理念包括产业报国、结果导向、团队精神、客户至上等。日本企业的精神也逐渐成为国民奋发向上的精神，可以说这些龙头企业的精神影响了几代日本人，推动日本快速成为第二经济强国，直到今天依然具有超强的竞争力，这与企业精神的传承是分不开的。

美国是一个非常注重价值观输出的国家，美国的企业也时时刻刻在用自己的企业文化影响美国，甚至影响世界。比如美国迪士尼公司，他们创造的艺术形象，从米老鼠到白雪公主，从灰姑娘到狮子王，迪士尼永远让人们在快乐中，在这些平凡的小人物创造的伟大事件中，感受到真诚、智慧、勇气和爱。这些故事告诉我们，精神才是创造一切奇迹的源泉，给现实生活中的人们以心灵洗礼和人生启迪，让我们坚强而快乐地应对各种困难和挑战。

而这一切都源于迪士尼对员工职业化的培养，他们人才培养的第一个目标是先让员工快乐起来，把每一个员工变成卡通人物。

迪士尼大学是他们培养员工的摇篮，在那里培训师会问："麦当劳是生产汉堡包的，那么迪士尼生产什么呢？"新员工会大声说："迪士尼给人们带来欢乐！"培训师会大加赞赏："对极了！我们给人们带来欢乐。不管他们是谁，说什么语言，干什么工作，从哪里来，是什么肤色，都要在此变得高兴。你们不是被请来做工的，你们每一个人都要在我们的节目中扮演一个角色，给人们带来快乐！"

这就是职业精神的培养，在这种反复强化的训练中，迪士尼把"给人们带来欢乐"的企业宗旨深深地印在员工心中，他们会反复默念这样的话——在迪士尼，我们可以劳累，但是从不会厌倦。即使在最辛苦的日子里，我们也要表现出高兴，那种发自内心的真诚微笑。

2.中国企业也要有文化输出，传播我们中国的智慧与哲学

今天，中国已经超越日本成为第二大经济体，但是我们的文化输出还相对比较弱，其主要原因在于我们众多的企业还没有真正重视文化建设问题，或者所建设的企业文化还处于初级展示和说教阶段。但是，我们相信会有越来越多的企业，开始关注员工的职业使命和人生价值的实现，关注商业文化

与职业化理念的提取，并肩负引领和促进社会文明的责任，肩负起中华民族伟大复兴的使命。

2020年，一场突如其来的"新冠病毒肺炎疫情"扭转了许多西方人对中国人的偏见，中国政府以泱泱大国的气概，秉承构建人类命运共同体的理念，在本国疫情还没有完全消除、海外疫情输入形势非常严峻的情况下，派出了大批经验丰富的医疗队，携带大量急需的医疗物资，火速驰援疫情严重的国家，甚至包括那些曾经诋毁和污蔑中国的国家。在这次全球"抗疫"斗争中，中国的企业也展现出了中国人"有恩必报""济世救人"的风范。

当意大利、西班牙、德国、法国的累计确诊人数都达到上万人的时候，欧盟成员国之间为争夺医疗物资，都发生了扣押他国物资的情况。中国企业在刚刚复工复产，原料紧缺、员工紧缺、设备紧缺的前提下，开足马力，生产了大量的医疗救援物资，阿里巴巴等中国企业，通过大数据技术和网络平台，积极向世界各地快速发送医疗物资，得到了世界的赞誉。

据环球网报道，2020年3月16日，泰康溢彩公益基金会联合武大校友企业家联谊会向韩国捐赠的4.5万件医疗防护物资到达仁川，这批物资是泰康溢彩基金会紧急从泰康大健康生态体系内多方筹措的。据悉，泰康溢彩公益基金会与阿里、复星等众多爱心企业共同发起"全球人道主义援助计划"，主要援助疫情较为严重的国家和地区，如韩国、伊朗、意大利、德国等，捐赠核酸检测试剂、防护服、医用隔离面罩及口罩等亟需的防护物资。

3月21日，全美领先的医院之一西奈山医院向泰康仙林鼓楼医院提出援助请求：急需N95口罩和医用外科口罩近200万只。西奈山医院曾在我国疫情爆发之初，给予了泰康医疗防护物资捐助。投我以木桃，报之以琼瑶。作为西奈山在中国的合作伙伴，泰康紧急响应需求，积极寻找货源，两天联系了100多万只口罩，一方面争取无偿捐赠，另一方面先行垫付供货商货款，援助西奈山医院抗击疫情，后续还持续援助了呼吸机、防护服、口罩等物资。此外，3月13日，法国卫生界向南京大学医学院附属泰康仙林鼓楼医院寻求帮助，泰康仙林鼓楼医院专家通过视频连线为当地抗击疫情提供专业意见，分享国内经验。

我们不光要在疫情这样一个特殊的时期，展现中国企业的责任担当，更要在平时的对外贸易当中，在中外合作的各个领域中，以我们先进的技术、过硬的产品、良好的服务、信守承诺的精神和高效率的运营，展现中国的优秀文化。

国民叫国民素质，企业叫职业素养，其本质都是一样的，代表着一个国家、一个民族、一个企业的文明程度。中国企业致力于员工职业素养提高，就是致力于国民素质提高，这是我们从经济大国走向经济强国的伟大历程中一件必修的功课。

五、别人不好改变，但是自己好改变，每个人都能改变，这个世界就可以改变

"一切的根源都在于我"，如果每个人都能这样思考遇到的问题，那么这个世界就会轻松改变。

我们从小受到的教育就是去改变别人、改变世界，而往往忽略了"先改变自己，再改变世界"，忽略了"每个个体改变了，这个世界也就改变了"这样朴素的道理。

1.先把"业余的我"变成"职业的我"

从业余到职业，从好人到好员工，职业化的道路就是改变自我的成长历程。每个人不是一生下来就职业化的，特别是在我们这个职业化程度不是很发达的社会和年代，职业化成长的过程必然会出现"职业的我"与"业余的我"的反复斗争。这"两个我"的较量将伴随我们相当长一段时间，甚至需要几代人的努力，我们的员工队伍才能成为世界一流的职业化团队。

《礼记·大学》中说:"古之欲明明德于天下者,先治其国;欲治其国者,先齐其家;欲齐其家者,先修其身;欲修其身者,先正其心;欲正其心者,先诚其意;欲诚其意者,先致其知,致知在格物。物格而后知至,知至而后意诚,意诚而后心正,心正而后身修,身修而后家齐,家齐而后国治,国治而后天下平。"

意思就是让自己隔离外界的干扰,内心安静下来,想好自己的人生目标与信念,用真诚的态度为人处事,断恶习,修善念,有了正知正念,就有了人生智慧,这时就可以经营好家庭,然后治理好国家,最后创造和谐美满的太平世界。

"格物致知"是开始,是改变自我的第一步,佛家叫内观,儒家叫自省,我们现代人叫自我反思,原理都是一样的,就是通过观察自己的内心世界,找到问题的根源,用智慧去解决生命当中的困惑和难题,这就是改变整个世界的开始。

有一家建筑公司的老板上课时问我一个问题:"我的那些员工都怎么了?"原来他的员工大多是跟他干了近20年的老员工,他认为员工们现在工作毫无激情,不负责任,导致工期拖延,采购成本增加,质量问题频出,应收款也要不回来……他说:"碍于情面,我还不愿意多说他们,因为说多了就会伤和气,而且也只能好一阵,过一段时间,又回到了那种不死不活的状态。"

我从他的话语当中,能够隐约察觉到这家公司的问题,根子就在老板的身上。这个老板因为从小受穷,文化水平低,所以有些自卑,内心自卑的人往往会表现出盲目的自负,目空一切,唯我独尊。因为长期从事建筑行业,作为乙方经常被甲方压制,这种内心的郁闷积攒到一定程度以后,就会发泄给员工或者提供服务的第三方。

后来我去了这家公司,与我当初的判断基本吻合,老板开会就是老三段:第一批评中层的表现,评论近期发生的事件;第二谴责干部不负责任,没有良心;第三是恐吓大家,如果再这么干下去,我就让企业关门。

在临走那一天，我对他讲了几句话："相由心生，这个相不是面相，是实相，就是你所面对的客观世界，你目前遇到的问题都是客观的，但都是从你内心当中产生的。比如，这两天我就听你说了三次以上'要关掉企业'，如果你的想法不改变，那么企业离倒闭的时间也就不长了，所以从现在起要停止这种内心的自我暗示。另外，你的内心是矛盾的，因为你想让企业活下去，而且想活得更好，这也是你请我来的原因。"

我接着说："我的顾问团队是来教你管理方法的，不是来给你治心病的，但是我今天看到的现象，迫使我要告诉你一句真心话——要想改变中层，先改变自己；要想改变自己，先从今天晚上的反思开始。干部们为什么会出错，为什么对你冷漠，为什么屡受打击还依然坚持工作？把所有问题的原因都在自己身上找一找，在自己内心里找一找。我希望听到你的答案，如果你的答案正确了，我可以帮你解决管理效率问题，如果你的答案不正确，下回我也不会再来了。"

经过一段时间的反思，老板给我回了电话，他说："我确实从内心当中找到了自我的原因，因为我没啥文化，所以在别人面前就要装得很强大；因为我在行业中经常受甲方的气，所以就把自己的郁闷发泄在中层经理身上。中层经理都是忠诚老实的人，但是由于我的打击，他们失去了创造力和工作激情，由于我经常苛责他们的工作细节，他们越是怕出错，错误就越多，由于我经常说公司要关门了，他们就得过且过。如果我不能反思自己，就会产生恶性循环，如果我能够从现在开始改变，我相信公司还有明天。"

无论是老板、干部，还是员工，如果我们都能够反思自我，我们在职业化的道路上就踏上了正确之路。如果我们固守在过去的思维中，凡事都认为自己是正确的，别人是错误的，凡事都不是向内观，而是去外求，"外求"就是寻找客观原因，寻找别人的原因，把自己所有的责任都推得一干二净，这样的人永远无法成长，这样的企业也将没有前途。成也萧何，败也萧何，过去的成功源于你坚守自己的信念，今天的失败也源于你不肯改变自己。

2.先反省内心，再反省战略

许多企业都有反思的精神，但多数停留在反省战略失误的层次上，只有那些伟大的企业能够做到先反省内心，再反省战略，这样未来的失误就会减少，同时正确的价值观和人生信仰会引导企业走向更高的境界。

当年一个贴吧事件，一个魏则西事件，把百度公司推向了舆论的风口浪尖，网民对百度不做资格审核，采用竞价排名模式，只顾赚钱的行为口诛笔伐，百度陷入了一场从未有过的道德危机。

后来李彦宏回忆说："每当夜深人静的时候，我就会想，为什么很多原来一直使用百度的用户不再热爱我们？为什么我们不再为自己的产品感到骄傲了？问题到底出在哪里？我经常会听到不同部门为了KPI分配而争吵不休，会看到一些高级工程师在平衡商业利益和用户体验之间纠结甚至妥协。用户也因此开始质疑我们商业推广的公平性和客观性，嘲讽我们产品的安装策略，反对我们贴吧、百科等产品的过度商业化……因为从管理层到员工对短期KPI的追逐，我们的价值观被挤压变形了，业绩增长凌驾于用户体验之上，简单经营替代了简单可依赖，我们与用户渐行渐远，我们与创业初期坚守的使命和价值观渐行渐远。如果失去了用户的支持，失去了对价值观的坚守，百度离破产就真的只有30天！"

百度公司未来是否能坚持自己的价值观，在坚守法律与道德底线的前提下，开展合理的商业推广，我们可以拭目以待，但是这次反省应当是深刻的，是发自内心的。追求商业利益是正当行为，但是如果为了追求商业利益而丧失了社会良知，企业就会走向灭亡；实行KPI考核是非常有效的管理手段，但是必须要正确地理解KPI，KPI是关键绩效指标考核法，所谓关键就是必须聚焦公司的战略，公司的战略不是只顾眼前的利益，而是着眼长远利益，长远利益是持续为客户提供价值而获得的。公司的战略不是财务数字和发展规模的代名词，而是依靠背后的愿景、使命和核心价值观支撑的事业蓝图。

令人高兴的现象是，现在我们中国的企业越来越关注和反省自己的核心价值观问题，除了刚才提到的百度重归客户导向，反思自己曾经过于逐利，还有华为从技术开放反思自己曾经的内心封闭，小米从发展速度太快反思自己曾经的"不淡定"……我们相信随着时代的进步和人们的觉醒，越来越多的企业和企业家将回归内心，通过改变自己，进而改变团队，通过改变团队，进而改变企业，通过改变企业，进而改变相互连接的更多的企业，最后我们会改变整个世界，中国会出现越来越多受全世界尊敬的公司。

第八部分

身心健康
——职业人的气质训练

身体健康是心理健康的基础，心理健康反过来促进身体的健康，身心健康，内外双修，才可以形成一个人的优秀气质。

合格的职业人士，既要有健壮的体魄，以应付高负荷的工作任务，又要有成熟的职业心理，承受突如其来的变化。合格的职业人通常表现为精力充沛、充满激情、意志坚定、遇事沉着、荣辱不惊。他们面对压力能够转化成动力，面对挑战能够理性应对，面对企业困境能够顽强坚持，面对荣辱能够保持清醒，因此，他们的职业生涯会取得很大的成功。

任何职业都会面临着巨大的压力，只有强健的体魄才能扛起工作的重担，又要有强大的内心，承受得住突然的打击，看淡突然到来的名利。

什么是气质呢？气质是一个人表现出来的相对稳定的心理个性特征，是做事的风格和气度，是一个人内在涵养或修养的外在体现。职业气质是指职业人士在职场上表现出来的成熟的心理特质。这些气质既有先天的因素，也有后天的修炼，受到个人世界观、人生观和价值观的影响，也受到个人身体健康情况的影响。健康的心理和强健的体魄，这是每个人到达职业生涯顶峰的两个必备条件。

职业心理是人们在职业活动中表现出的认识、情感、意志等相对稳定的心理倾向或个性特征。所谓职业心理健康就是心理成熟度，是一个人社会化程度高低的表现，健康职业心理的表现就是不卑不亢。

2020年新冠疫情期间，一封云南某企业CEO给人力资源总监的邮件，激起了职场人士的热议，我也在"今日头条"自媒体公开发表了文章，谈了我的观点。分析事件的原因，其中就有这位CEO职业心理不健康的问题，值得我们企业管理者关注与自省。

这位 CEO 在邮件中首先向人力资源总监发出了质疑：你知道吗？公司就剩最后一口气了。你知道吗？公司快死了。然后对人力资源部发出的《关于疫情下人工成本控制的报告》进行了严厉的批评，说这份报告虽然图文并茂，结构工整，但是没有提出具体的建设性意见，根本就不懂行业特点，也不懂员工结构，简直是没有任何意义。

我的观点是：可以有情绪，但不能情绪化，发火不能解决问题，揣摩人心则是权谋，要对事不对人，拿出理性的处理方式。董事长、总经理应当先明确大原则、大方向，向高层管理人员公布；人力资源部依据决策要求，拿出人员成本控制具体预案，要简明扼要、具体可行，最好能制定 A、B 两个方案供上级决策；人力资源部如实汇报，决策层讨论决策，调整完善后开始实施。

不可否认，新冠疫情的到来给很多企业都带来了巨大的压力，销售活动停止，资金链断裂，支出不减，企业命在旦夕。作为公司的高级管理者，越是在危难时刻，越需要沉着冷静，不能把自身的心理压力变成怒气，直接宣泄到下属身上，这是典型的狂躁心理的表现。企业的生死问题不是人力资源总监能够承担的，虽然他的报告不符合你的要求，但是你也没提出调整的方向和原则，这说明你自己对事件都没有理清头绪，反而直接迁怒于下属。发怒除了能发泄自己的情绪之外，对解决事情一无是处。

假如我是那位 CEO，我会这样回复邮件。

× 总监：

你好。当前公司面临的形势非常严峻，实话实说，如果我们不采取应急措施，依照公司现有的资金情况，最多只能维持两个月。我和董事长商量了一下，为了保证公司的生存，我们决定实施三个应急计划，一是融资计划，由董事长和财务总监去做，二是营收计划，由我和销售总监去做，我们还希望有一个"减员降本"的计划，这个计划请你来完成初稿，我来审核。

这个计划总的要求如下：把疫情周期预计到五月底，避免骨干员工流失，避免出现劳动纠纷，在保公司存活和保员工利益之间寻求最大公约数。这个计划要考虑全面，可以动态控制，措施要简明扼要、具体可行，最好有A、B两个方案。明天晚上9点前给我看初稿，后天上午10点，在董事会上你要现场讲解，接受董事会和决策层的质询，希望一次性讨论通过。

我已经通知孙总监和李副总，分别给你提供财务和销售方面的数据，以及他们的计划。在此过程中，如果需要我的支持，可随时与我联络。

我知道，这是一个非常困难的计划，也是一个无奈的抉择，但是我们必须一起面对，但愿这场疫情过后，公司还能活着。只要活着，我们就有重回巅峰的希望！

祝好。

CEO：×××

能不能好好说话，这不是一个简单的沟通技巧问题，而是"三观"是否端正、职业心理是否成熟的问题，最低的要求是理智平和。

在市场竞争日益激烈的今天，职场的压力的确很大，客户的挑剔、经营的指标、领导的督促、团队的信任、自己的钱包，这些问题每时每刻都会让你坐立不安、茶饭不香、夜不能寐。虽然我们经常出差、加班、赶工、思考、讨论、改进，但还是没有业绩，有时候我们自己都感到快要崩溃了。因此，只有具备良好的职业心理素质，才能应对职业生涯中各种严峻挑战。

一、职业心理健康——只有健康的心理，才能够享受工作的快乐

职场中的心理的压力主要来自于五个方面，包括业绩压力、领导压力、家庭压力、人际关系压力和成长压力。只要人在职场，这五大压力是不可避免的，只不过在不同的企业感受到的压力大小不一样，不同的人感受五个

方面压力的大小也不一样。压力来源是一种客观存在，我们无法逃避只能面对。我们要采取缓解的对策与方法，减轻自身的压力，从而在职场上干得更快乐，走得更长远。

1. 业绩压力与缓解之策：面对压力，开放自我，寻求方法

业绩，对于老板而言是企业的生死问题，对员工而言是自己的收入和去留问题。完不成业绩，影响公司效益，是所有职场人最大的压力。企业靠利润生存，员工靠业绩说话，市场不相信眼泪，公司不相信借口，只相信速度、产量、质量、成本和客户满意度，只相信订单、定金和回款，创业型和生存型企业更是如此。因此，从老板到员工，每天都要为业绩而战，企业存在一天，压力就会存在一天，从来不会减小，只会随着竞争激烈程度而越来越大，如果不能自身调节好这种业绩上的压力，身心健康就会受到影响。

为了业绩指标，企业的管理聚焦到员工每天的结果上，计划、安排、检查、督促、考核、评比、奖罚，有无数双眼睛在盯着你，无数张嘴巴在督促你。只要完成业绩，一切万事大吉，如果差那么一点，就可能引来很多麻烦，奖金没有了，绩效下降了，领导挨批了，自己挨训了。如果别人都完成了，只有你没有完成，那就更惨了，团队受连累，大家都不跟你说话，躲着你，那才是最难受的。如果你本来就内向，那么时间长了就会产生抑郁，再也没有斗志和自信，就会从此消沉下去。

任正非说自己曾经就是一个抑郁症患者。在2000年前后，华为发生了许多大事，比如思科起诉、港湾事件等，这些重大危机几乎是同时爆发，都可以决定华为的生死存亡。任正非感觉内外交困，无力控制，有半年时间经常做噩梦，半夜常常哭醒，甚至想到自杀。他曾经回到老家给母亲10万元，他担心公司破产了，再也照顾不了母亲了。但是有一次他去餐厅吃饭，看到一位蒙古族姑娘给客人表演，唱一首歌只要20元，但是她那么开心、那么兴奋，她多么热爱生活。任正非被深深感动了，眼泪哗哗地流了下来。"贫困

的农民都想活下来，为什么我不想活下来呢？"从此之后，他再也没有自杀的念头，并慢慢走出了抑郁症的阴影。

2018年12月1日，任正非的女儿孟晚舟在温哥华被捕，美国要求引渡她，这是美国打压中国高科技企业，阻止中国崛起的丑恶行为。作为父亲理应愤怒和焦虑，但我们看到任正非还是那样从容和淡定，甚至他在接受美国记者采访时说："我特别感谢特朗普，因为这些年来随着公司的发展，有些中层、高层出现了懈怠之情，但是经此一役，上上下下所有人的心都聚在一起，劲往一处使，华为被外界压力团结在一起，这卸下了我肩上的一大重担，所以真的感谢特朗普。"

任正非曾经给公司领导班子成员写了一封信《要快乐地度过充满困难的一生》，与大家一起分享一下。

华为不断出现员工自杀与自残，而且员工中患忧郁症、焦虑症的人不断增多，令人十分担心。有什么办法可以让员工积极、开放、正派地面对人生呢？我思考再三，不得其解。

我们要引导员工理解、欣赏、接受和习惯高雅的生活习惯与文化活动，使他们从身心上自己解放自己。这次我们不惜使用为客户提供的服务，做一次演示，让大家看到高雅的生活无处不在。这些生活场景、生活方式，北京、上海已经比较多，只要你愿意多花一些钱就可以实现。

员工不能成为守财奴，不能成为金钱的奴隶，丰厚的薪酬是为了通过优裕、高雅的生活，激发人们更加努力去工作、有效的奋斗而服务的，不是使我们精神自闭、自锁。我们不要再把绅士风度、淑女精神当作资产阶级腐朽的东西，而自以粗鄙为荣。应该看到欧美发达国家人民的自律，以及一些社会道德风尚是值得我们学习的。

欧美国家的人，大多数不嫉妒别人的成功，也不对自己的处境自卑，而且和谐相处。华为的员工有这个经济基础，有条件比国人先走一步，做一个乐观、开放、自律、正派的人，给周边做个表率。当前一部分华为人反映出来的现象，恰恰相反，令人不安。一部分员工，不知道自己的祖坟为什么埋得这么好，还是碰到了什么神仙，突然富有后，就不知所措了。有些人表现得奢侈、张狂，在小区及社会上表现出那种咄咄逼人，不仅自己，连自己的家人也趾高气扬……一部分人对社会充满了怀疑的眼光，紧紧地捂着自己的钱袋子，认为谁都在打他的主意，对谁都不信任……

这些都不是华为精神，这些人员不适合担任行政管理职位，不管高低都不合适。他们所领导的团队一定萎靡不振。

我们引导员工要懂得高雅的文化与生活，积极、开放、正派地面对人生。人生苦短，不必自己折磨自己。不以物喜，不以己悲，同时也要牢记，唯有奋斗才会有益于社会。人生是美好的，美好并非洁白无暇。任何时候，任何处境都不要对生活失去信心。有机会去北京，可以去景山公园看看，从西门进去，那里是一片歌的海洋，热闹得像海啸一样奔放，这些都是垂暮之年的老人，几十人一组，几百人一团，都在放声歌唱，多么乐观，多么豁达。看看他们的夕阳红，你为什么不等到那一天？努力拥有快乐的人生，无论处境多么困难，只要你想快乐，就一定会快乐。

人是有差距的，要承认差距存在，一个人对自己所处的环境，要有满足感，不要不断地攀比。例如：有人少壮不努力，有人十年寒窗苦；有人读书万卷活学活用，有人死记硬背，就是一部活字典；有人清晨早起锻炼，身体好，有人老睡懒觉，体质差；有人把精力集中在工作上，脑子无论何时何地都像车轱辘一样转，而有人没有做到这一点……

待遇和处境能一样吗？你们没有对自己付出的努力有一种满足感，就会不断折磨自己，让自己处于痛苦之中，真是生在福中不知福。这不是宿命，宿命是人知道差距后，而不努力去改变。

我不主张以组织的方式来实现员工的自我解放，而是倡导员工自觉自愿、自我娱乐，以自己承担费用的方式来组织和参与各种活动。公司不予任何补贴，以前凡是补贴的，只要不再补贴了，这项活动就死亡了。"青春之歌"是一个好的名字，一歌、二歌……五歌……要各具特色，吸引不同性格与生活理念的人，其实就是各种俱乐部。员工在这些活动中，锻炼了自己，舒缓了压力，也进行了有效的沟通，消除自闭、自傲……

只要这些活动不议论政治，不触犯法律，不违反道德规范，我们不去干预。一旦有违规，我们可以对有关员工免除其行政职务，以及辞退等方式来解决。总之释放员工的压力和郁闷，应通过多种途径和管道来解决，靠组织是无能为力的。

员工不必为自己的弱点有太多的忧虑，而是要极大地发挥自己的优点，使自己充满自信，以此来解决自己的压抑问题。我自己就有许多地方是弱项，常被家人取笑小学生水平，若我全力以赴去提升那些弱的方面，也许我就做不了CEO了，我一直在集中发挥自己的优点和优势。组织也要把精力集中在发展企业的优点上，发展干部、员工的优点上，不要聚焦在后进员工上。克服缺点所需要付出的努力，往往远远大于强化优点所需要付出的努力。只有建立自信，才会更加开放与合作，才会有良好的人际关系，而员工往往不知道这一点。有一些员工工作干得好好的，正在出成绩的时候，却不相信实践中会出真知、出将军，突然一下子要去考研。

当然，可能当他全副武装归来的时候，正好碰上我们打扫战场。要因势利导，使他们明白奋斗的乐趣、人生的乐趣。要做到不厌恶生活。费敏、徐直军等人经常在周末、深夜一大批人喝茶（开务虚会），谈谈业务，谈谈未来，沟通沟通心里的想法，这种方法十分好。我们的主管不妨每月与自己的下属或周边同事喝喝茶，明确传达一下自己对工作的理解和认识，使上、下都明白如何去操作。不善于沟通的人，是很难做好行政主管的。

我曾经想写一篇文章叫《快乐的人生》，以献给华为患忧郁症、焦虑症的朋友们，但一直没有时间。我想他们应去看一看北京景山公园的歌的海洋，看看丽江街上少数民族姑娘的对歌，也许会减轻他们的病情。我也曾是一个严重的忧郁症、焦虑症患者，在医生的帮助下，再加上自己的乐观，我的病完全治好了。

我相信每一个人都能走出焦虑症和忧郁症的困境。

英国心理医生特罗茜·罗尔说："抑郁症是我们为自己构筑的心灵牢狱，而且正因为是我们自己构筑的，所以我们就有能力用自己的双手打开枷锁，把自己解放出来。"因此，一方面公司要积极疏导员工的心理，另一方面，员工也要学会自我解开自己的枷锁。

职业人要清楚地认识到，"应对每天的竞争是企业的常态"。只有竞争是否激烈的企业，没有不竞争的企业，要在公司生存，必须适应每天的竞争与紧张，这就是职场。谁也躲不开竞争，职业人士就是商人，商人就是为应对竞争而生的，就是以赢得竞争为荣。除非你不在企业工作，只要在企业工作一天，就必须告诉自己：竞争无处不在，要生存好，就必须参与竞争，竞争是我的一种生活方式。

与其自我纠结，不如提高技能。业绩不好的背后，一是心态，二是技能，先把心态调整好，相信方法总比困难多。从问题出发，从小目标的达成出发，去积极应对，然后去学习技能，找到提高业绩的方法。向自己的领导请教，向业绩好的同事请教，注意观察那些优秀的同事，总结他们的成功经验，然后选择适合自己的方式去工作。如果技能不熟练，业绩不好，没有其他的捷径，就一个字——练！如果你的天分不如人家，你更要加倍努力地练。

2.上级压力与缓解之策：上级之所以是上级，一定有过人之处

小赵是一家房地产公司的销售员，工资待遇还不错，公司硬件环境也很好，工作也很轻松，主要是为购房者介绍楼盘，带领参观，进行现场促销。不过她工作得很不开心，她认为自己的部门经理是老板的亲戚，一点

能力都没有，除了巴结老板、唯命是从之外，什么都不会。这个经理不但无能，而且无耻，经常把下属创造的业绩，说成她自己的业绩。由于她是老板的亲戚，员工们也不敢向老板反映，怕得罪了老板，只能在私底下议论纷纷。

她们不但看不上经理，也看不上老板，认为老板是个土财主，就是靠着自己运气好，什么本事也没有。公司管理简直是一塌糊涂，老板没有文化，说话粗鲁，管理方面没有制度，什么都靠老板一句话。老板还喜欢在员工面前吹牛、许愿，但是从不兑现。

面对这种情况，小赵工作时没有激情和动力，每天就是得过且过，工作业绩上也是不求上进，没事就喜欢谈论公司的是是非非。有一天，老板突然宣布，公司的销售业务外包给一家房地产经纪公司了，大家愿意去这家公司工作的，老板负责推荐，不愿意去的，可以办理辞职手续。

小赵去这家经纪公司应聘，面试都没有通过，因为考官问她目前销售楼盘的容积率是多少、绿化面积是多少、社区会馆有什么功能、经典户型有什么特点、目标客户是哪些人等问题，因为平时没有重视过这些专业问题，所以小赵没有回答上来。对于一名销售员，说不清自己卖的是什么、为什么让别人买，谁会聘用呢？小赵有些后悔，自己做了一年多的销售工作，竟然没有掌握这些最基本的知识，看来自己的精力一定是用错了地方……

中国的企业家群体正处于成长过程中，由于他们的文化素质、家庭出身、职业修养、创业经历都各不相同，的确会有一些素质和能力不高的领导和老板。遇到这种情况，我们要么静下心来努力学习本领，要么果断离开公司，坚决不能每天在糟糕的心情当中混日子，把自己混得浑浑噩噩，把自己混得心情郁闷，把自己混得毫无长进。

（1）在公司能够得到什么？

到一家企业工作，领导是一个有影响力的关键要素，要看他是不是能够带领企业走向美好的未来，他是不是能够帮助员工成长，他是不是给员工提供了充分展示才华的舞台，他是不是任人唯贤，主持公平与正义，他是不是让自己的家族成员也职业化起来，等等。但是，老板与领导只是你选择工作的一个要素，老板的问题并不重要，重要的是你来到一家公司"想要什么"，你是为老板而来，还是为自己来？

答案很简单，每位职业化的员工来到一家公司，都要有两件事要做，一是检验一下自己是否适合这个职业，如果工作特点与人的性格气质不一致会让你感到难以适应。比如你是内向型气质，擅于与客户私下沟通，喜欢走心入脑的慢慢交流，让你去做会议营销可能就很不适应，会议营销需要活跃气氛，与客户成交直截了当；如果你是活泼型气质，让你做客户服务就会有问题，因为客户服务工作要求耐心细心，但是如果让你去做区域市场的开拓工作，你可能会非常喜欢。二是在适合职业的基础上，赶快培养自己的专业能力。如果想做到这一点，一切困境与不如意都有可能转化为成长的有利条件。把全部身心放在业务能力的提高上，充分利用一切时间去掌握业务技能，因为这才是让你终身受益的本领。

（2）从老板身上能够学到什么？

我们常说，成功自有道。有的老板可能文化素质、职业化素质确实比较低，他们不懂得管理，看上去毫无章法。但是你想一想，他能够获得财富，能够脱颖而出，一定有一些值得我们好好学习的地方。比如他对市场的敏锐观察力与判断力，他过人的毅力与胆识，他永不言败的精神和真诚对待员工的情意。这些品质也是成功的内在要素，如果你想获得成功，就应该向那些看上去"无能"的老板学习，因为他们身上有你所缺乏的优秀品质。

3.家庭压力与缓解之策：自责解决不了问题，提高能力去赚钱才是正道

家庭的压力主要来自于个人的收入满足不了家庭生活的需要和亲人的期盼。我们打工挣钱，除了满足自己日常的开销之外，还要回报父母的养育之恩，让父母过上更好的生活；还要养儿育女，给孩子更好的生活基础；还要还房贷、车贷，在城市里安个家；甚至还要挣更多的钱，给自己的弟弟妹妹交学费。用职场上调侃的话来说，就是"压力山大"。如果不能及时自我排解和疏导，就会产生严重的心理问题。我们会看到有的人莫名其妙地蹲在大街上痛哭流涕，有的人独自一人在酒馆里喝闷酒，有的人莫名其妙地向亲人发火，导致家庭出现矛盾甚至破裂，有的人突然留下一封辞职信，独自一人去寻找自己的诗和远方……

打工挣钱，或者自主创业，首先是让自己过上美好的生活，然后再去实现人生的社会价值。但是，有时我们会发现收入永远也满足不了需求，其实不是满足不了需求，而是满足不了我们那颗欲望之心，因为欲望之心是永远也填不满的。从租房子到买房子，从小房子到大房子，从大房子到别墅，再到多买几个房子……从小生意到大生意，从大生意到做受人尊敬的大公司，如果没有知足常乐的心，如果没有对自身价值的客观认知，没有对公平回报的正确理解，即便是获得了不错的生存条件，甚至当了大老板，实现了财务自由，内心依然会痛苦。

　　我在招聘咨询顾问的时候，就经常遇到这样的事。一位"211"大学毕业的工商管理硕士，来我这应聘管理咨询师。从简历和证件上看，研究生学历没问题，管理专业也对口，实践经验也可以，毕竟在其他咨询公司干过三年以上。一问到他对收入的期望，开口就是年收入不能少于50万元。我问他的依据是什么？他就给我掰起手指头，一项一项地算起来。一个月的房租多少钱，一家三口的日常开销是多少钱，养一台车多少钱……最后算完了跟我说，没有50万元的年收入，我没办法养家糊口啊。

　　说的全都是事实。在北京，50万元年收入并不算太高，但是收入不是公司给的，是你自己创造出来的，是你自身价值的货币体现，是这个社会给你的公平回报。我决定给他做面试与笔试，看看他的实际工作能力。我说请举例说出民营企业普遍遇到的最大困难是什么？结果只答了一个"没有钱"，而没有回答出"没有钱"的原因。再问一个专业的问题，请列出生产型企业质检部门通用的三个最重要的KPI，结果只答出了一个质量合格率，其他的就答不出来了。我让他把做过的咨询成果，在保密的前提下介绍一下，我一看全都是"高大上"的战略、模式、制度、方案和图表。我就问："你们做过的这些成果有哪些落地了？企业应用之后的效果能用事实和数据证明出来吗？你们每天会在企业上班，与管理团队一起落实这些制度和方案吗？"他说："没有，方案做出来交给企业，企业同意就行了，我们也就一周去两天。"我说："那是管理顾问，不是咨询，更谈不上训练。"

交流之后，我对应聘者说："你的基础条件不错，但达不到马上可以投入工作的标准，必须在公司试用三个月，试用期间不能做业务，还要学习和考核，合格了留用，不合格就分手。试用期间，基本工资照发，正常生活没有问题，如果你想要更高的收入，必须等到试用期考核通过之后，通过咨询服务让客户得到满意的结果，达到公司的业绩标准，按照公司的绩效方案执行。你愿意吗？"

如何看待工资高低问题，也是一个职业心态问题，给大家一些建议。

首先，岗位风险越大收益越高，没有两全齐美的薪水。公司中员工的收入大致分为两类，一是相对固定的工资，比如说行政岗位和一些管理岗位，你如果想稳妥一些，就选择这些岗位，你想在这类岗位上收入更多，就要做出非常杰出的贡献或者任职很长时间；二是底薪加提成的工资，底薪一般都比较低，比如销售类岗位，如果你想锻炼自己，检验一下自己的潜能，也想多赚些钱，建议你选择这样的岗位。

选择销售类岗位，选择提成类工资，你就不要太在意底薪是多少，而要在意自己是否能够胜任这种岗位，要在意正常情况下一般销售人员的收入是多少，要在意这家公司有没有技能培训和帮助新员工成长的计划，这才是评价收入高低的正确方法。

其次，先让自己值钱，然后才能赚钱。

什么样的薪水是理想的薪水？这要看你目前处在什么阶段，选择什么目标，然后才会有相应的决定。如果你的工龄和资历都达不到业内职业高手的水平，建议你还是从基础岗位做起，从拿基本工资开始，高工资一定会匹配更加严格的要求和更高的用人标准。如果你想拿到高工资，只有一个办法，在行业中逐步升级，不断提高技能，总有一天，你会拿到行业中的顶级工资。

最后，要敢于把自己投入到"潜力股"。

是否决定接受这份工作，要看眼前，更要看发展，如果工资太低，影响到你的生存问题，那么你就应该慎重取舍；如果工资基本上可以满足日常生活，你就应当考虑对自己未来的投资。职业生涯也是一种投资过程，你选择了某个行业、职业和公司，就要倾注自己的心血，这就是一种投资，这份投资能否产生让你满意的收益，你要像炒股一样看大势。你要看看这个产业是不是朝阳产业，你要看看这个职业是不是有前途，你要看看这个岗位是不是能够最大化发挥你的特长，你要看看这家公司是不是能够帮助你快速成长并取得成功。如果答案是肯定的，你不要在意眼前的工资多少，够用就好，要看重未来的发展。

我们不反对讨论工资高低，相反，我们鼓励公司与员工公开地讨论工资问题，这有助于员工与企业相互了解，建立真诚的合作。我们反对的是每天抱怨自己收入太低，然后还不赶快行动，让自己的生命在毫无意义的抱怨中流失。要么坚持，要么放弃，但是绝对不能抱怨。

4.人际关系压力与缓解对策：先适应，再改变，不行再走人

每家企业的文化不一样，有的开放，有的封闭，有的简单，有的复杂，有的以结果为导向，有的以权力为导向，有的公司鼓励员工把自己的事情做好，有的公司暗示员工要搞好关系。因此，对那些不擅长搞人际关系，或者不愿意搞人际关系的员工，那些只想一心一意做好业绩、多挣钱、提升自己的员工，一个复杂的人际关系就会给他造成巨大的心理压力。

小胡是一个北漂了五年的软件工程师，虽然工资很高，但是考虑到在北京买房的经济压力太大，结婚之后小孩上学又是一大难题，为了和相恋多年

的女友结婚，并照顾逐渐年迈的父母，他毅然辞去北京的工作，回到了西南老家的省城，并很快在一家当地有名的软件公司找到了工作。

可是工作了不到三个月，小胡便辞职了，又重新回到了北京，又开始重操旧业。这是为什么？小胡说："那个地方人际关系太复杂，我真的很不适应，待时间长了我非得患上人际关系恐惧症不可。"

原来由于他的工作能力很强，交给他的编程工作都完成得很快。有一天，技术总监跟他说："不用这么快，要保证质量第一，反复内测，没有我的指令不准提交给客户。"过了一段时间，小胡觉得不对劲，程序开发速度太慢了，同时他发现许多人上班时都在做与工作无关的事。他就非常不理解，向总监询问原因，总监说："在咱们公司干活，不要知道的太多。"

后来他才搞明白，因为老板与总监就入股的事情没有谈妥，总监现在有情绪，故意拖延项目进度，以此给老板施压。老板不懂技术，既生气又无奈，于是找来高中同学当总经理，要把总监排挤走。总经理以项目太慢为理由，两个月不给项目组发奖金，并在员工中鼓动大家挤走总监，然后就恢复正常。总监知道这一天迟早会来，已经串通好几位员工，准备投奔竞争对手，小胡也被两边拉扯，每天不知道听谁的好，总是提心吊胆地判断周边的人到底属于哪一伙。工作基本没有压力，不过这些复杂的人际关系让小胡觉得身心疲惫，自己的时间都荒废了，没有成长也没有价值，只有紧张和不安。

俗话说，有人的地方就有江湖。有江湖的地方，就有明争暗斗，就有潜规则，要想生存就得察言观色，小心翼翼，拿捏好各种尺度，平衡好各方利益，就需要处理好复杂的人际关系。

当一家企业的内部关系过于复杂的时候，员工的精力就不会放在对外服务客户、对外市场开拓、对外创新发展上，而是放在内部争斗和保全自己上，这对于企业来讲是非常大的内耗。对于那些能干事、想干事、简单质朴、不善于搞人际关系的员工来说，在这样的企业氛围里，是无法正常开展工作的，特别是年轻一代。

如何面对和处理公司当中复杂的人际关系，是对自己职业心理的考验。如果企业的风气不好，应该怎么办？我觉得可以有三种选择。一是参与变革，转变风气，当然这还要看公司领导的想法和行动；二是不受风气的影响，也不同流合污，该怎么做就怎么做，把本职工作做好，坚守自己的职业良心，即使在困难的情况下也要想方设法完成工作；三是辞职，既不能承受，也不愿同流合污，那就远离是非，一走了之。当然最后这条路要慎重，因为你换一家新公司，风气也未必就好，即便没有风气问题，也可能还有其他问题，完全让你都满意的企业实际上是不存在的，总会与你的期望值有一定的差距。正是有了这些差距，我们才有了奋斗的动力和成长的意义，因为职业人士正是为解决企业的问题而来的，而不能轻言放弃。

（1）想清楚自己想要什么

到一家企业工作，你想要什么？要更高的工资，要学习机会，要锻炼自己，要了解这个行业，要掌握专业技能，要一个好的跳板，还是要增长阅历？首先你要明确这个问题的答案。当一个人明白自己想要什么的时候，他行动的方向就明确了，就不再迷茫了，他遇到各种问题和挫折就能从容面对了。为了心中的目标，一些不太重要的东西都可以放弃，甚至包括所谓的自尊。内心坚定了，路就会走得很稳，你也会有足够的定力抵抗各种诱惑，其实这就是职业成功最本质的东西——坚定目标，永不放弃。

（2）方法总比问题多

用时间去想方法，总比用时间去叹息和抱怨要聪明。问题和困难不会因为你的抱怨而消失，相反会越来越严重，躲避是积攒矛盾的开始，行动才是消除矛盾的武器，这其中重要的过程就是选择方法。

比尔·盖茨说："当你陷入人为的困境时，不要抱怨，你只能默默地吸取教训。"面对现实，认真总结和反思，找到解决问题的方法，然后快速行动解决问题，这才是成熟的职业心态。

即使自己确实解决不了，也要立即告诉你的领导，用开放的方式，请求别人的帮助，总比自己闷不作声地耽误工作要强一百倍。大胆地告诉别人，大胆地说出自己的能力短板，虽然难免会伤一点自尊，但总比来不及挽救要好。

（3）不卑不亢是原则

遇到批评，有则改之，无则加勉。遇到表扬，权当鼓励，一笑而过。富贵不能淫，威武不能屈，永远保持不卑不亢的职业心态，这是职业人为人处事和修炼自己的原则。

要把公司看简单一点，商业就是一个合作关系，商业的本质就是一种交换关系，公平交换，互利共赢，外部合作如此，内部合作也一样。用结果说话，用价值交换，一切都建立在互相尊重、平等合作的基础上。

所以，职业化就是倡导尊重与合作的文化，反对讨好和歧视的恶习，处事有分寸，交往有礼节。遇到大客户不要低声下气，遇到小客户也不要态度冷淡；取得业绩不要傲慢自大，遇到失败更不要垂头丧气；遇到上级也不要一脸媚气，遇到下属更不能仗势欺人。谈得好，大家信守承诺，愉快地合作，谈不好，客客气气，来日再会，用不着灰心丧气，也用不着欣喜若狂，更不要肆意暴怒，因为这都无助于解决问题。

（4）做出业绩，让自己充满自信

职场上的痛苦大多来自一个原因——你没有做出让人满意的业绩，或者把事情搞砸了。成熟的心态是正视现实，既然已经发生了，就不要回避，你唯一能做的是找到原因，然后集中精力去解决问题，做出好的结果，用业绩让自己获得自信。

我们需要一次成功，这是职业人士经常自我鼓励的一句话。因为没有人相信你说的，只相信你做到的，工作业绩表面上是给别人看，实际上是为了增强自己的信心。

最好的方式是放平心态，从最容易的事情做起，先用一个小成绩激励一下自己，然后恢复自信，再挑战更大的难题。对于销售人员而言，大单做不成，先来一个小单；对于技术人员来说，一次性试验成功难度大一点，先成功第一道程序；对于人事经理来说，招不全那么多岗位，先招聘能够招到的人；对于生产部经理来说，今天已经不可能完成全部订单，那就保质保量，做到一次性交付……做一个小业绩，给自己一个继续做下去的理由，先来一次小成功，让自己相信努力的价值。

随着时代的进步，有知识、有教养的一代年轻人开始步入职场。企业当中，复杂的人际关系越来越受到员工的抵触。现在"00后"已经步入职场，由于社会和家庭的原因，他们这一代人可能有各种各样的不足，可能比较任性，没有定力，还有些"无厘头"等。但总体上而言，他们心态阳光，性格率真，追求快乐，拥抱变化，与公司政治和江湖文化格格不入。那些无法接纳这些年轻人的企业必将走向衰败，而能够接纳并包容他们的公司，能够帮助他们成长的公司，将会走向未来，因为他们代表着中国企业的希望。

二、职业身体健康——只有健康的身体，才能够实现职业梦想

我最反对的一句话就是"拼命工作"，命不是拿来拼的，而是需要养的，是需要珍惜的，你把命拼没了，工作再成功也没有意义。所以，职业生涯的悲剧就是50岁之前拿命赚钱，50岁之后拿钱买命，一正一负，最后人生清零。

有人说不拼命工作怎么能赚到钱呢？其实拼命一词代表竭尽全力，用在职场上就是极端忘我、极端勤奋的工作状态。忘我和勤奋只是成功的要素之一，真正能取得职场成功的人，并不全是特别拼命的人，而是智慧、格局、勇气、毅力和领导力综合作用的结果，这其中贯穿着一条行为主线，那就是学习。

所有的老板在创业之初，肯定要付出许多，要经过艰苦奋斗和勤奋努力。这段时间里，他们会消耗大量的体力，他们就像一名超级员工一样，跑市场，抓订单，盯现场，送产品，催回款，什么事都要亲力亲为。如果企业发展起来之后，还把自己当成一个超级员工，那这样的企业就无法再发展

了，这是许多企业不能持续发展壮大的根本原因之一。因为体力劳动与脑力劳动是一种结构性矛盾，如果一个人喜欢体力劳动，可能就会限制脑力开发。老板是动脑的，不是动手的，如果大家都去动手，这个企业就会没有"大脑"，没有高瞻远瞩，没有辩证思考，没有灵魂与思想，这样的企业可以挣点小钱，但是绝对成不了一家优秀公司。

也许有人会说，正是因为用脑过度，一些老板才英年早逝。的确，用脑过度可能会导致心脑血管疾病，严重的还会导致猝死。这其中既有生理的原因，也有心理的原因。如果平时不注意锻炼身体和保养身体，身体条件太差，再加上过度用脑，患病的概率就很高。另一方面，如果不能自我调节心理，管理自己的情绪，适时放松自我，那么过度的负面情绪就会影响身体健康，甚至会威胁性命，正所谓"病由心生"。

人生不仅有事业的高度，还有生命的长度和思想的宽度，三个维度都要尽可能不断拓展，才是圆满的一生。

健康的职业心理是以健康的身体为基础的，身体特别好，职业不太成功，人生还有值得骄傲的地方，还有重新再来的本钱。如果身体不健康，职业再成功，人生也没有意义，无论你有多么伟大的职业理想，身体不够好，理想就只能是幻想。如果说法治思想是职业化的道德底线，那么健康就是职业化的生理底线。

1.工作的意义是为了生活，不是为了生活而拼命工作

如果为了信仰，或者职业的使命，我们可以舍生忘死。当战争爆发了，军人就得冲上去；当疫情爆发了，医护人员就要冲上去；当歹徒行凶了，警察就要冲上去；当大楼着火了，消防队员就要冲上去；当人民遇到灾难了，党员就得冲上去……这是职责使命和信仰使然。即便是为了信仰和使命而献身，我们也会提倡把生命放在第一位，不到万不得已的情况下，不能轻易牺牲自己的宝贵生命。2020年的疫情当中，国家卫健委医管局副局长焦雅辉就

说"不提倡用英雄主义号召医务人员"，这是对中央关于保护好医护人员指示精神的人性化、专业化解读，得到了理性公众的赞同。

　　我们非常反对在企业当中表扬员工带病工作的作法，搞什么"轻伤不下火线"之类的口号，我们也非常反对表扬企业家的"拼命精神"，做一番事业，不一定要拿命来搏。如果非要在生命与事业之间选择，大家都会认为生命更重要。

　　但是现实是非常残酷的，"过劳死"现象已经成为职场中不可回避的悲伤话题，几乎每隔一段时间，就会有不幸的消息传来。研究显示，公安系统、新闻行业、IT行业、文化演艺、科研企业、国家公务员、科教领域，都成为目前"过劳死"的高发区。翻开近十几年企业家病逝的记录，在悲痛之余，也会让人唏嘘不已。

　　胡凯，52岁，大中电器原总经理，心脏病突发；高凤来，61岁，春都集团原董事长，劳累致心脏病突发；王均瑶，38岁，均瑶集团原董事长，劳累导致肠癌；许伟林，42岁，绿野木业公司原董事长，心肌梗塞；南民，37岁，上海中发电气原董事长，劳累致脑血栓；彭作义，55岁，青岛啤酒原总经理，突发心脏病；汤君年，56岁，汤臣原董事兼总经理，心脏病、糖尿病；张生瑜，39岁，北京同仁堂原副董事长，突发心脏病……

我经常说，全世界最累的企业家是中国的企业家，我们曾经做过一个对比研究，发现中国企业家的负担要比西方企业家重很多，我把这些负担简单地称为"操心指数"，一颗星最低，五颗星最高，大家看看是不这么回事（见表2）。

表2 中外企业家"操心指数"对比表

序号	指标性质	工作内容	中国企业家	西方企业家
1	关键	制定战略	★★	★★★★
2	关键	建立机制	★★	★★★★
3	关键	文化推动	★★★	★★★★
4	关键	团队建设	★★★★	★★★★★
5	一般	危机处理	★★★★★	★★
6	一般	中层沟通	★★★★★	★★
7	一般	商业应酬	★★★★	★★★
8	一般	政府交往	★★★★	★★
9	生活	自身健康	★	★★★★★
10	生活	家人团聚	★	★★★★

注：其中1～4项是总裁职责的关键性指标；5～8项是总裁职责的一般性指标，一般性指标是"投入产出比"较小的指标；9～10项是生活指标。

我们从表中可以看到，除了团队建设这个关键性指标工作之外，中国的企业家在重要的事情上操心并不多，但是却在那些"不重要并且费心思"的一般性指标上操心最多，比如政府交往、中层沟通、危机处理、商业应酬等，然后在生活指标上为自己付出的又是最少。结果是什么呢？结果就是企业管理水平低，运作效率低，自己的身体差。

是到了改变我们中国企业家生存状态的时候了，请把精力用在公司战略决策上，为团队指出一条成功的捷径，减少与中层的沟通成本，把有限的资源聚集在为客户创造价值上；把精力放在运营管理体系打造上，让企业按照计划和流程实现"自运营"，从繁杂的琐事中解脱出来；把企业的实力和影响力建立在产品创新、模式创新上，让政府和客户来找你，而不是你通过应酬和交往去建立那些耗神费力的关系，这样我们才能够以更加充沛的体力和生命质量投入到自己的事业中去。

2.你的生命不只是自己的，为了别人的利益也要自律

从生活的角度来讲，人也不能只为自己活着，因为你有亲人和家庭。从职业的角度来讲，生命不是你自己的，因为它关乎很多人的利益。所谓职业素养，就是不能因为自己的一时快活而损害健康，从而也损害了他人的利益。

2007年NBA全明星周末期间，湖人队员拉德马诺维奇自称右肩膀脱臼受伤要休整6～8周，别人问他是怎么受伤的，他谎称是外出购买咖啡时踩到冰面滑倒。四天之后，"深受良心谴责"的他表示自己撒谎了，受伤的真实原因是在犹他州帕克市滑雪时摔倒所致。在NBA球员合同中有明确规定，禁止球员们在休假期间从事滑雪等危险性运动，对于违反者球队有权终止合同。最终湖人网开一面，没有让他丢掉饭碗，但"滑雪男"因此收到了球队历史上最大的罚单——50万美元，不久拉德马诺维奇宣布退役。

一名职业球员受伤不仅会导致自己的利益受到损失，更涉及很多人的利益：球员不能参加比赛，球队成绩会受到影响，赞助商因为球员不能上场会减少赞助费，广告商会因为球队成绩下滑而减少广告投入，球队培养一个球员非常昂贵，如果不能参加比赛，球队的投入也得不到回报。

在职场上的每个人也是一样，由于你的健康影响了工作，如果你是一般员工，会给其他同事增添一些麻烦，如果你是企业老板，可能就会让一个企业走向衰落，甚至倒闭。

我与企业家们经常讨论一个话题：什么才叫成功的企业？有的说只要赚钱的企业就是成功的企业，有的说成为社会尊重的企业就是成功的企业。我的观点是做长久的企业才是成功的企业，就是"看谁的企业活得长"，能不能做成一家百年老店。许多企业已经经过了若干代人的传承，依然保持旺盛的生命力。而每一代企业家能不能以健康的体魄和旺盛的精力，投入到企业的传承当中去，直接关系着这个企业能否长盛不衰。

随着物质生活水平的改善和科技的进步，健康养生成了全民热衷的话题，作为工作压力巨大的企业从业人群，都开始关注健康运动和养生。

马云练太极，王石去登山，郁亮、扎克伯格热爱户外跑步，雷军擅长自行车，刘强东、马化腾、李彦宏都是健身房的常客，王健林、苹果CEO库克每天都早起锻炼身体……事业有成的企业家对健身锻炼似乎都有天然的喜好。

他们还有一个共同的特点，健身锻炼不仅仅是强健体魄，还从中悟出很多人生的道理，并应用到企业的管理实践中，更让自己的人生得到了升华。马云曾经说："越学习太极越发现，其实我做企业，无论是企业内部的员工管理，还是跟客户、竞争者的关系，几乎完全体现太极的原理。"

当今许多老板非常重视员工的身体健康，为员工创造很好的锻炼身体的条件，有的在公司办公大楼里设置了健身房、攀岩墙、网球馆、游泳池等运动设施，甚至提出"锻炼身体也是工作"的口号，员工可以在上班时间锻炼身体。有的老板不仅自己带头锻炼，并有组织地要求员工参加体育锻炼。万科的董事长郁亮就是一位代表性人物，他从王石手中接过来的不只有管理公司的接力棒，还有王石热爱体育的精神。他把自己从一个胖子练成了马拉松健将，他还要求万科的全体员工要参加跑步运动，2012年就在高管团队中消灭了脂肪肝。

我们的身体不仅仅是我们自己的，更是家庭的，也是公司和团队的。我们身体健康，就能够承受高负荷工作的压力，胜任高效率的工作，带给员工积极向上的精神，带给客户值得信任的感觉，最终就能够实现企业的健康发展。

3.把强身健体纳入制度化、常态化管理

首先，要开展全员健康教育，给员工讲明身体健康与职业生涯的关系。告诉员工每个职业都有身体保健规则，违反规则将损害自己的身体，影响自

己的工作。我把在企业培训中总结一个小段子分享给大家：

钢琴师不能干农家活，不然手指就粗糙了；外科医生不能让手冻着，不然就无法拿手术刀了；职业运动员不能放开了吃东西，不然就弯不下腰了；工人不能下班后逛夜店，不然工作时就看不清仪表了；技术人员不能整天看屏幕，不然血液就供不上大脑了；管理人员不能太熬夜，不然就写不出报告了；老板不能太疲劳了，不然就会影响自己的决策水平……

王石曾经说："工作本身就是生活的一部分，我去登山、攀岩，这些活动也是生活的一部分。正因为有了这种生活，我才觉得工作是有意义的，我才非常热爱我的工作。也正因为这些活动，使我身体很好，能够保持一种比较轻松的工作状态。这是一种互动的关系。"

每个职业都有自己的保健要求，我们在职业健康方面的教育还远远不够。要告诉员工，职业人都应当对自己好一点。生命是短暂的，但事业是长久的，在短暂的生命中好好善待自己，你才会尽享事业的辉煌和生命的成就感，这才是我们关心健康、珍爱生命的意义。

其次，要制度化，常态化。不要指望每年搞几次体育活动，就可以增强员工的体质，偶尔一次剧烈的运动对员工身体反而不好。员工的健康管理要制度化、常态化，有条件的企业除了开展传统的体育比赛等活动之外，可以采取工间操和行政提醒的办法，在劳动和工作之余穿插放松和锻炼活动。

随着员工队伍中老年化时代的到来，引导员工制定个人的健身养生计划，并在公司当中进行分享，还可以通过自媒体等渠道让员工交流健康养生和锻炼的体会，形成热爱健康、热爱生命的氛围，也是我们管理者的一项重要工作。

身体与事业是互动的关系，职业人特有的气质就是建立在健康身体上的健康心理。在团队职业化的打造过程中，管理者自身要注重身心健康，同时更应当关注员工的身心健康，建立一支身体健康、心态成熟的职业化队伍，是我们要长期努力的一个方向。

综上所述，我们对团队职业化建设的八个方面进行了系统阐述，目的就是提升专业、商业、敬业的精神，让我们的员工从好人变成好员工，从业余选手变成职业选手，从一个缺乏职业精神的员工变成一个靠谱的员工，从而实现团队职业素养的根本转变，以应对未来的挑战。今天，中华民族正走在伟大复兴之路上，中国企业能够赶上这个伟大的时代是非常幸运的，现在需要做的就是抓住历史机遇，打造职业团队，建设卓越公司，创造经济奇迹，让我们在职业化的道路上不断精进，把我们的职业梦想融入中国梦！

公司主要服务项目

类别	名称	内容和目的	时间与方式	参加人
总裁班	企业"自运营"落地系统	讲解运营管理的基本理论、模式、方法和工具，属于实战型高端课程，解决效率提升和可以复制的问题	标准课时2天，每天6学时，包括理论讲解、案例分析、工具使用和方法训练，是各大培训机构和高校的首选总裁班课程	董事长、总经理
	企业"绩效倍增"实战系统	讲解人力资源的基本理论、模式、方法和工具，属于实战型高端课程，解决人才选、用、育、留的问题	同上	同上
	富过三代：如何实现顺利接班	讲解接班的原理、机制和方法，解决中国民营企业"富不过三代"的问题	同上	同上
	事业的小伙伴：如何带好新一代	打造能够带好"00后""95后"一同成长的中高层团队，解决与"00后""95后"沟通难、共事难的问题	同上	同上
管理咨询项目	"5i自运营"管理咨询项目	"5i自运营"系统的导入与训练，包括"人力资源体系+5i运营模式"训练，目的是提高效率，复制团队和人才	企业调研2天，项目周期20～60天不等，咨询顾问每天都会在企业上班，手把手教会企业中层如何抓管理，有一年售后服务期	中高层领导参加训练，其他人员可以旁听
企业特训营	"运营突破"特训营	结合企业具体情况，开展"5i自运营管理模式"实操训练，提高团队执行力和公司复制力，属于咨询式培训	到企业培训，完全个性化服务，课程3天，远程调研1天，课后一年服务期。现场训练，现场出结果，学习之后体系可复制和传承	同上
企业内训	用结果说话：团队执行力训练营	打造以"结果为导向"的超级执行力团队，解决借口多、结果少、执行不到位的问题	课程2天，远程调研1天，用企业的案例做培训，实战、实用、实效，教学氛围生动欢乐，达到思想统一、效率提升的目的	全体员工或者骨干员工参加
	职业选手靠得住：团队职业化训练营	打造"专业、商业、敬业"的职业化团队，解决缺少职业精神、不负责任和缺少价值交换意识的问题	同上	同上
	带好团队拿结果：中层领导力训练营	打造"能够带好团队做业绩"的中层领导队伍，解决中层角色认识错位和缺少工作方法的问题	同上	同上